T0381391

UN ALIEN EN MI COCINA

Relato de una historia real de sanación y contacto

LAURA MURADOR

Canalizaciones por Carla Murador

BALBOA.PRESS

A DIVISION OF HAY HOUSE

Puede hacer pedidos de libros de Balboa Press en librerías o poniéndose en contacto con:

Balboa Press
Una División de Hay House
1663 Liberty Drive
Bloomington, IN 47403
www.balboapress.com
844-682-1282

Debido a la naturaleza dinámica de Internet, cualquier dirección web o enlace contenido en este libro puede haber cambiado desde su publicación y puede que ya no sea válido. Las opiniones expresadas en esta obra son exclusivamente del autor y no reflejan necesariamente las opiniones del editor quien, por este medio, renuncia a cualquier responsabilidad sobre ellas.

El autor de este libro no ofrece consejos de medicina ni prescribe el uso de técnicas como forma de tratamiento para el bienestar físico, emocional, o para aliviar problemas médicas sin el consejo de un médico, directamente o indirectamente. El intento del autor es solamente para ofrecer información de una manera general para ayudarle en la búsqueda de un bienestar emocional y spiritual. En caso de usar esta información en este libro, que es su derecho constitucional, el autor y el publicador no asumen ninguna responsabilidad por sus acciones.

Las personas que aparecen en las imágenes de archivo proporcionadas por Getty Images son modelos. Este tipo de imágenes se utilizan únicamente con fines ilustrativos.

Ciertas imágenes de archivo © Getty Images.

Información sobre impresión disponible en la última página.

ISBN: 979-8-7652-5494-3 (tapa blanda)
ISBN: 979-8-7652-5493-6 (libro electrónico)

Número de Control de la Biblioteca del Congreso: 2024917782

Fecha de revisión de Balboa Press: 09/05/2024

ÍNDICE

ÍNDICE

AGRADECIMIENTOS

Primeramente quiero agradecer a mi esposo Roberto y a mis hijos por el apoyo incondicional para la creación de esta primera obra escrita, los cuales, aunque sin tener mucho conocimiento sobre el tema, abrieron su corazón y su mente a toda la información que pudiera traer con la plena confianza que sería expansiva y muy benevolente. Un particular agradecimiento a mi hijo Ricardo por su aporte en la parte digital del libro.

A los amigos y participantes que se unieron a las numerosas sesiones de canalización, siempre con la mejor energía y entusiasmo, con mucha luz en sus almas, aportando con amor sus vivencias como plataforma para la sanación personal y de cada ser humano del planeta.

Personalmente pienso que estas personas que se acercaron no estaban conscientes de la grandeza de su acción y del hermoso propósito que estaban ejerciendo cuando venían a participar en las sesiones, siendo ellos como faros de luz para recibir todas las enseñanzas, sanar sus almas y elevar la frecuencia del planeta hacia una nueva realidad. Sin ellos la ecuación no estaría completa y no podríamos llevar a nuestra civilización hacia la Era de la Luz.

Sería imposible nombrar a cada uno, pero todos saben y sienten que somos un solo ser y un solo corazón compartiendo el mismo objetivo, somos compañeros y hermanos en misión, vinimos a romper y cambiar sistemas y somos parte de la Familia de la Luz.

Finalmente quiero expresar mi más profundo amor y agradecimiento a nuestros hermanos galácticos de Andrómeda por su incondicional amor y entrega en este proyecto de sanación de mi hija, particularmente a nuestro amado Omtrust, quien junto con los demás tripulantes de la nave nos acompañaron desde el primer instante y nos han llevado de la mano en este viaje de aprendizaje y evolución. A todos los demás hermanos cósmicos de Arcturus, Pleyades, Orión, Lira, Sirio y otros seres de Luz que han aportado mensajes amorosos y enriquecedores a nuestra experiencia terrenal.

¡A TODOS GRACIAS INFINITAS!

PREFACIO

Para las almas antiguas maestros del crecimiento espiritual, despertarán a algo que ya saben, algo que recuerdan y que está anclado en la profundidad de su ser. Es imperativo que lo entiendan para poder trasmitirlo a otras personas.

Ellos han sido una magnifica esencia que se ha expresado en este hermoso planeta desde tiempos remotos y ahora están sucediendo muchas más cosas de las que pueden percibir. Cuando contemplen la vida y las experiencias de su alma, verán que esta identidad actual, este cuerpo, ¡será insignificante!

Es importante que honren cada una de vuestras identidades porque definitivamente, estamos en la época de que tanto se habló y que llegaría, la época cuando los humanos se volverían multidimensionales y adquirirían la capacidad de existir en muchos lugares diferentes a la vez, saltando entre realidades dimensionales, mutando genéticamente y, sobre todo, comprendiendo que su grandeza no termina donde acaba la piel...

Somos todos compañeros de viaje y de experiencias, nos miramos los unos a los otros con el propósito de sanar y seguir avanzando, todos tenemos el mismo gran objetivo de llevar a nuestro planeta a una nueva Era, la era dorada de la Luz y el Amor, hacia nuestro más hermoso sueño el cual se está acercando y nuestros corazones lo saben. Ha sido una ardua misión lejos de nuestros hogares originales pero realizada con mucho amor y entrega.

Tengamos la certeza que no estamos solos en esta travesía terrenal, ni en las futuras misiones a realizar en otros lugares de nuestro

Universo, siempre nuestras familias galácticas nos acompañan, orientan y apoyan poniendo su confianza en nosotros, siempre han sabido que somos capaces de lograrlo, pero sobre todo nos manifiestan que somos profundamente amados y cuidados....

¡TODOS SOMOS UNO!

UNA VALIJA MUY PESADA

Hola mi nombre es Laura y he decidido relatarles esta historia personal ya que tengo la profunda certeza que debe ser contada para la expansión personal y colectiva de las personas que lleguen a ella. Es una experiencia de vida real con mucho propósito y tan hermosa, que nos muestra la gran riqueza de nuestro Universo, pero sobre todo nos da un cálido abrazo de confianza y la seguridad de que siempre tenemos la ayuda necesaria en el momento preciso.

Aunque en mi alma siempre tuve la certeza que en la vida todos tenemos propósitos muy profundos, el mío aún no se vislumbraba, mi mente lógica no podía imaginar la magnitud de lo que me tocaría experimentar junto con mi familia, la realidad supero toda imaginación y si alguien me lo hubiera contado antes de que sucediera, no le hubiera dado mucho crédito.

Antes que todo me gustaría hacer una breve descripción de nuestra historia familiar, lo cual estoy segura de que los ubicara en el contexto de mi relato con más facilidad.

Han pasado unos tres años desde que nos embargó una gran preocupación y desconocimiento de lo que le está ocurriendo a nuestra hija mayor. Nuestro núcleo familiar se podría considerar bastante típico o standard para una familia latina de origen italiano, donde como cualquier padre, nos ocupábamos de crear el mejor entorno para la crianza de los hijos y asegurarnos, en la medida de lo posible, que se eduquen en buenos colegios, se rodeen de personas con valores morales y que cultiven el respeto y apreciación por las oportunidades que se van presentando en la vida, pero, sobre todo, que aprendan a reconocer cada lección oculta en un aparente problema. Este es el punto clave en esta historia donde una experiencia terrible y muy desesperanzadora, se tornó en un proceso sanador y expansivo que marcó un antes y un después en nuestras vidas.

Mi esposo Roberto y yo, nos conocimos en enero 1981, y desde entonces estamos juntos y felices, tuvimos nuestra primera hija Carla, la cual llamaremos en este relato con su nombre cósmico Alaleia, luego otra hermosa niña Paula, y finalmente nuestro hijo menor Ricardo. Sus infancias transcurren en Venezuela y para los que no conocen mucho como es la vida en ese país, les puedo decir que su gente es maravillosamente cálida y abierta, pero debido a situaciones políticas adversas, se han vivido muchos años de zozobra, angustia e inestabilidad en todos los niveles, social, judicial, financiero entre otros, lo cual ha provocado un sentimiento de inseguridad profunda en las personas.

La recesión económica en ese país desencadeno grandes eventos de protestas en las calles llevando a un caos social sin precedentes. Nuestra familia experimento una gran zozobra, sensaciones de perdida y temor a perder la vida. Aunque nuestros hijos eran niños pequeños para esa época, fueron testigos de la angustia reinante por parte de sus padres y el resto de la familia.

Como se sabe científicamente, aunque los hermanos crezcan en el mismo núcleo familiar y similar ambiente, puede haber diferencias marcadas en cuanto a sensibilidad y niveles de tolerancia a los eventos del entorno y en cómo estos son percibidos como peligros inminentes. Creo que uno de los grandes retos como padres, es descubrir a tiempo estas diferencias entre nuestros hijos, para poder manejar a cada uno como un individuo único según sean sus necesidades y percepciones de lo que lo rodea.

Alaleia, a diferencia de nuestros otros dos hijos menores, los cuales estaban siempre alegres e involucrados en sus juegos, se preocupaba si alguno de nosotros tenía que salir a la calle, o si tardábamos demasiado en regresar. Parecía que censaba mucho más la inseguridad del ambiente, o simplemente la intuía más profundamente. Esto por supuesto, denotaba un nivel intrínseco de ansiedad, lo cual no esperábamos ver en una niña de esa edad. Para profundizar más, la genética es fundamental en la percepción del ambiente que nos rodea, creando reacciones típicas para cada ser humano según sus memorias o información acumulada a nivel celular.

Nuestro ADN es como una página en blanco, que va recopilando información cada vez que suceden eventos en la vida que nos impactan, estas experiencias nos afectan tanto en forma positiva, como también negativamente. Así, vamos creando o construyendo nuestro equipaje para viajar en esta vida, llenaremos nuestra valija con experiencias e información que nos van dejando las vivencias ocurridas desde la concepción y luego en la infancia para usarse en el futuro. Además, nuestros queridos ancestros también colaboran en llenar nuestra valija con información que ellos a su vez han acumulado y que a veces no quisiéramos llevar con nosotros, pero es imposible rechazar. Todo este bagaje de información nos hace quienes somos hoy en día, sin embargo, puede resultar muy engorroso y pesado transitar con él, todos sabemos lo incomodo y agotador que puede resultar llevar una valija muy pesada en nuestro viaje.

Considero que es una buena comparación para entender todo lo que traemos en nuestro ADN, nuestro background proviene no solo de la vida actual, sino también de las encarnaciones pasadas, y por si esto no fuera suficiente, de nuestros amados antecesores que también tuvieron experiencias duras y traumáticas en algún momento, las cuales no pudieron ser procesadas y fueron empacadas para ser entregadas a sus descendientes futuros para ser resueltas y de no ser así, pasaran a formar parte del exceso de peso en nuestro equipaje emocional.

Ahora quisiera hacer un breve análisis histórico del origen de nuestra familia, el cual explica aún mejor el origen de nuestras cargas emocionales y puedan entender más profundamente la situación que estábamos viviendo. Mis antecesores en Italia tras haber pasado por una primera guerra mundial (1914-1918), lograron superar la inmensa crisis en la cual quedo sumergido ese país, así como otros en Europa. Luego de varios años ya mis abuelos habían consolidado una vida cómoda y prospera en la zona de la Toscana junto a sus 7 hijos, entre los cuales estaba mi madre Rita, que para los inicios del 1940 contaba con 8 años, y luego quien más adelante sería la abuela de Alaleia.

Posteriormente, con gran angustia y preocupación vieron aproximarse el segundo gran evento de crisis a nivel global, la tan temida Segunda Guerra Mundial (1940-1945). Mi abuelo poseía en aquel entonces negocios de manufactura de pasta, y además fábrica de jabones. Su habilidad creativa e industrial le dio la posibilidad de construir un refugio subterráneo, 18 metros bajo tierra a corta distancia en las afueras de su casa. Ese bunker era capaz de proveer protección a la familia contra bombardeos aéreos, y además permitía almacenar comida seca o deshidratada, así el preparaba una especie de galleta, que podía ser guardada por largos periodos de tiempo y ser usada luego en tiempos de escasez.

Durante mi infancia, mi madre nos relataba de las muchas incursiones de la familia a estos sótanos, ya que inesperadamente en cualquier momento se sucedían ataques aéreos y debían permanecer el mayor tiempo posible allí, hasta que el exterior estuviera seguro para retornar a casa. Esa situación se repitió muchas veces, hasta que un día, al salir del refugio el paisaje había cambiado drásticamente, solo quedaban algunas paredes en pie de lo que fuera la casa de la familia, todo había sido destruido por las bombas.

Ahora estoy segura de que esa fuerte experiencia fue la causante que mi madre, la Abuela de Alaleia, sufriera de sonambulismo durante muchos años durante su vida en Venezuela, ella casi todas las noches repentinamente saltaba de su cama, recogía algunas pertenencias importantes, alimentos, agua y corría a esconderse en la sala de nuestra casa.

Resulta muy obvio como una experiencia de este tipo puede causar una carga emocional muy fuerte en aquellos padres y sus siete hijos, entre ellos mi madre, la cual era una niña pequeña para ese entonces. La realidad que se presentó ante ellos fue de absoluta vulnerabilidad, miedo y desesperanza con respecto al futuro por venir.

En el transcurrir de la guerra, se sucedieron eventos aún más graves para ese núcleo familiar. Como se conoce, en la segunda guerra, existían los campos de concentración, donde eran privadas de libertad las personas que pudieran oponerse al proceso militar. Las galletas de mi abuelo se introducían clandestinamente a estos lugares de reclusión, como medida desesperada de ayudar a las personas abandonadas allí sin agua ni alimentos. Lamentablemente no paso mucho tiempo para que esta noble acción quedara en evidencia de alguna manera y esto le costó la vida a mi abuelo, así mi abuela y sus pequeños, tuvieron que presenciar la detención y fusilamiento del único apoyo y sostén de la familia.

No me puedo imaginar lo duro y abrumador que puede ser para una madre tener que huir sin rumbo cierto con sus hijos pequeños, cuyas edades estaban entre 7 y 15 años en busca de un lugar más seguro para refugiarse mientras proseguía la guerra. Un vecino compasivo le dono su carreta a caballo para poder movilizarse con sus mínimas pertenencias, y poder alejarse de esa zona, la cual era para ese momento en extremo peligrosa. La intuición de esa valiente mujer (mi abuela), le sugirió vestir con ropa femenina a los tres chicos más grandes durante la travesía para evitar que fueran tomados como prisioneros y enviados a campos de trabajo forzado en cualquier punto de control del camino. ¡Para esos tiempos estaban sobreviviendo!

Tras varios días de camino, descansaron en las ruinas de un pueblo abandonado en las afueras de la Toscana, pero allí el hijo más pequeño enferma gravemente. Sin recursos, ni posibilidad de conseguir un hospital cercano, mi abuela decide enviar al hijo mayor de 15 años en bicicleta en busca de alguna ayuda médica. A pesar del gran esfuerzo que represento para ese chico cruzar ríos y campos en esa forma, luego de varias horas logra traer junto con él a un médico local que de forma milagrosa accede a acompañarlo para ayudar a su pequeño hermano.

Lamentablemente solo era cuestión de tiempo y a pesar del enorme sacrificio y compasión, no fue posible salvar al pequeño de una peritonitis aguda.

Si resumimos esta historia en pocas palabras, que fue lo que vivieron estas mujeres de la línea materna: bisabuela, abuela y yo madre de Alaleia, que ya estaba presente como ovulo en el cuerpo de mi madre en aquel terrible momento:

- *Inseguridad profunda.
- *Miedo.
- *Falta de protección.
- *Falta de techo y cobijo.
- *Pérdida de un padre en forma violenta.
- *Pérdida de un ser querido por falta de recursos.
- *Una enorme injusticia.

- *Sentido de culpabilidad por no poder cambiar el curso de los hechos.
- *Sentir la muerte muy de carca.
- *Una enorme sensación de carencia.
- *Ninguna posibilidad inmediata de un mejor futuro, entre muchas otras emociones negativas.

Estos son solo algunos de los eslabones de una cadena de emociones fuertes y profundas que un niño registra en su cerebro derivadas de un entorno muy peligroso y amenazante. Son nuestros traumas que nos acompañan en la adultez.

Y allí está el ADN guardando, registrando y clasificando una serie de eventos para ser usados o sacados a la luz en futuras generaciones, las cuales de alguna manera deberán decidir cómo utilizar esa información.

LA ABUELA MATERNA

La complejidad del comportamiento humano es tan grande que es necesario amplios estudios para poder sacar conclusiones claras sobre ello. Ahora, la ciencia ha demostrado que existe una explicación científica en la conexión que existe entre la abuela materna y los nietos. El Instituto Nacional de Ciencias de la Salud Ambiental, un organismo estadounidense, ha probado que los nietos heredan la información genética y su carácter de sus abuelas maternas. En este estudio, se ha probado que los óvulos transmiten la mayor carga genética y la información mitocondrial, es decir, la que proviene de la madre. Esto no significa que los nietos se parezcan físicamente a las abuelas maternas, pero sí que pueden desarrollar comportamientos y temperamentos similares a los de las madres de las madres.

Como vemos existe una línea directa Abuela-Hija-Nieta, tres generaciones entrelazadas donde las hijas ya estaban presentes en los óvulos de las abuelas durante sus experiencias. Los abuelos aportan el 25% del ADN de sus nietos. Un estudio de la Universidad de Cambridge demostró que existe una especial vinculación genética con las abuelas maternas porque pasan el 25% de sus cromosomas X a todos sus nietos, lo que le haría heredar estos genes.

Esta cercanía o relación genética es usada por los biólogos especialistas en genética, para explicar la evolución entre miembros de las familias, en términos de longevidad, altruismo, crianza de los hijos, mantenimiento de los lazos familiares y otras muchas características provenientes de este vínculo entre abuelas maternas y nietos.

(Research at University of Cambridge www.cam.ac.uk)

EL GRITO DEL CUERPO

PARA EL AÑO 2002, MI ESPOSO ROBERTO, CON SU VISIÓN O INTUICIÓN maravillosa, decide que debemos aventurarnos en un cambio radical de vida, sugiriendo una mudanza de la familia a otro país. La idea era buscar un ambiente y estilo de vida más seguro para la familia y para esto nos organizamos y planificamos nuestra mudanza a Miami USA, esperando que este cambio fuera lo más grato y armonioso para nuestros tres hijos.

Luego del impacto inicial que produjo esta experiencia, lo cual conlleva alejarse de la familia y amigos de toda la vida, cambio de trabajo y hogar, se inicia el proceso de adaptación a un nuevo ambiente y costumbres, establecer un sostén seguro para el grupo familiar y ofrecer un entorno amable para el desarrollo de los niños. Todo esto marchaba bastante bien según nuestra percepción. Los obstáculos se superaban con bastante gracia y facilidad dentro de la cotidianidad.

Después de varios años establecidos en nuestra nueva ciudad, nuestros tres hijos parecían disfrutar de su etapa de adultos jóvenes dentro del standard que se considera normal y positivo. Sin embargo, llamaba la atención como particularmente Alaleia, atraía personas a su vida que no eran precisamente las mejores, en el sentido de parejas que carecían de valores de respeto y lealtad, y que pudieran ofrecerle una experiencia plena de crecimiento, al punto de poder considerar algunas relaciones como bastante abusivas. Estas parejas contribuían a volver su equipaje emocional cada vez más pesado.

Creíamos que ella tenía lo necesario para compartir su vida con alguien afín a sus ideales y que apreciara la sensibilidad y altruismo que la caracterizaba, tras lograr una carrera universitaria (Dietista y Nutricionista), se abría un gran abanico de posibilidades fantásticas ante ella, pero la realidad que la rodeaba no era congruente con ella. Era obvio que la vida estaba reflejando como un espejo su interior, el cual debía sanar urgentemente.

Para ese momento el nivel basal de ansiedad de Alaleia, se podía decir que era alto. Sus preocupaciones y perspectiva de la vida eran muy pesimistas, tenía un temor intrínseco a la muerte de algún ser querido, lo cual, para alguien sin el contexto anteriormente explicado, no tiene mucho sentido, y menos en una persona joven, y lo peor es que no creía en la posibilidad de un futuro para ella.

Para el año 2019, su ansiedad generalizada había escalado a niveles elevados, cualquier persona que interactuaba con ella podía representar un peligro extremo, le era imposible mantener una relación de pareja, se le hizo casi imposible proseguir con su profesión e inclusive las actividades más comunes y simples llegaron a ser imposibles de realizar.

Su vida transcurría en una inercia diaria para mantenerse a salvo dentro de casa y así evitar un inminente e inexistente peligro externo, ningún miembro del grupo familiar podía entender que causaba esta situación tan extrema. Ella pensaba que la causa de esta angustia interna debía provenir de algún lugar en su mente y analizaba su vida como una película tratando de encontrar respuestas que pudieran explicarlo.

Ella estaba enfocada a buscar soluciones en diversas terapias alternativas como Yoga, tethahealing, chamanismo, hipnosis, regresiones, reconexión y algunas otras formas de sanaciones holísticas, las cuales no quiero desmerecer, sino que, para ella, en ese momento no pudieron ayudarla. También experimentó con terapias comprobadas científicamente como son: Mindfulness, Cognitive behavioral therapy y Somatic experience, las cuales todas representan unas herramientas extraordinarias que pueden ser aplicables en estos casos, sin embargo, no lograron un alto índice de mejoría para ella.

Al no encontrar una solución radical a sus síntomas, su mente científica la guio a buscar ayuda psicológica y luego psiquiátrica para enfrentar este cuadro agudo de ansiedad y depresión, siempre evitando alguna terapia con medicamentos psiquiátricos, de los cuales tenía conocimiento de sus efectos secundarios muy dañinos.

Su cuerpo era como una gran señal de alerta que le expresaba a gritos que existía un gran bagaje acumulado en su ser, que no podía seguir cargando y que de alguna forma debía deshacerse de él, ya que su experiencia de vida no podía proseguir si no aligeraba ese peso. Esa maravilla que llamamos cuerpo físico nos ama a tal punto, que es capaz de hacer lo impensable para que paremos y miremos dentro nuestro, para así decidir que debemos cambiar y así disfrutar de una vida plena, eficiente, alegre y sin limitaciones.

Lamentablemente, a veces, tras innumerables avisos y señales, no tomamos medidas para corregir lo que no debería estar allí, y de ser así, este maravilloso cuerpo se encarga de decirnos con síntomas físicos como enfermedades o desbalances. Finalmente, estos síntomas se van incrementando con cada situación que activa el trauma oculto en el cuerpo, y que para ella era una ansiedad muy aguda, ataques de pánico, depresión, stress postraumático, trastorno de despersonalización[1] y agorafobia[2]

---

[1] Despersonalización, es un sentimiento persistente de observarse a sí mismo desde afuera de tu cuerpo y sientes que las cosas que te rodean no son reales.

[2] Agorafobia, es un miedo a estar en situaciones donde no se puede escapar, sentimiento de estar atrapado. Imposibilidad de salir a espacios abiertos.

LA ÚLTIMA OPCIÓN

Es difícil de expresar lo doloroso y frustrante que resulta para unos padres o cualquier persona que tenga a cargo a un ser querido transitando por un problema de salud, ver que cualquier abordaje de la enfermedad que intentemos no produje un alivio de los síntomas o una mejoría en el cuadro general del padecimiento. Mi mente lógica me repetía lo sumamente injusto que resultaba que una joven con muchas oportunidades por delante en su vida no pueda tener sueños y proyectos para el futuro, ya que para ella el mundo que la rodeaba no merecía la pena y era muy peligroso. Hasta que un día escuche de ella las palabras más dolorosas y terribles que un padre puede escuchar de un hijo......
¡Por favor ayúdame, déjame ir, no quiero estar más aquí!

Aunque en el fondo sabíamos que el recurso de los medicamentos psiquiátricos en estos casos es solo un paliativo para poder más o menos llevar una vida semi normal, no garantizaba la mejoría definitiva, estos aparecieron en nuestro panorama como una última esperanza. Decidimos embarcarnos en esta odisea de los ansiolíticos y antidepresivos, pero no sin antes investigar a fondo como funcionaban y buscar ayuda profesional de primera. Esta opción no era la más deseada, pero era inevitable intentarlo luego de explorar innumerables vías sin éxito.

Llego el día pautado para una consulta psiquiátrica y luego de analizar la situación con el profesional, este sugirió el uso de ansiolíticos (benzodiazepinas), cuyo tratamiento empezaría por los menos agresivos y en bajas dosis.

Todos en la familia deseábamos profundamente que el sistema nervioso de Alaleia respondiera positivamente a los medicamentos y que al menos tuviera un poco de alivio a los fuertes síntomas, lo cual le permitiría retomar algo de su actividad diaria.

Conforme pasaron los días, su cuadro de salud mental y física empeoraba. Eran los mismos síntomas, pero magnificados, era como si los medicamentos agregaban stress adicional a su extremadamente sensible cerebro. Su vida se volvió una pesadilla, no había diferencia entre el día y la noche por el aislamiento en el que estaba, debió recluirse en un closet para evitar ruidos y luz solar, ni la mínima actividad física era posible. Cada día aparecían nuevos desbalances en su sistema, temblores, movimientos involuntarios, dolores generalizados, repetidos ataques de pánico con despersonalización por nombrar algunos.

Luego de transcurrir 45 días desde la primera toma del medicamento, ella sabía con certeza que las benzodiazepinas habían hecho un daño importante a su cerebro, un daño químico, que ocurre a veces en personas más sensibles a estos tratamientos. Existen numerosos casos reportados de personas con casos similares donde la recuperación lleva mucho tiempo, a veces años.

La enorme desesperanza y el desconocimiento sobre el tema, nos llevó a buscar extensivamente información sobre este tipo de drogas y sobre algún protocolo de cómo hacer para dejar de tomarlas, y así evitar aún más efectos dañinos en el cuerpo. Sorprendentemente, no existe mucha información al respecto, yo diría casi nada para ayudar a los pacientes a bajar las dosis hasta finalmente sacar el medicamento del sistema.

Consultamos varios psiquiatras especialistas en benzos en busca de una dirección o acompañamiento para la reducción del medicamento, pero desafortunadamente la respuesta fue siempre la misma, la sugerencia era subir la dosis para lograr que el paciente este mas dopado, desconectado y ausente, de esa forma podría ir retomando medianamente su funcionamiento diario con menos síntomas ¡y además esto sería de por vida!

Es imposible tratar de explicar la gran desmotivación y frustración que sentimos luego de buscar ayuda para salir del problema, y en lugar de esto recibir consejos para prolongar y aumentar el trauma cerebral. A nuestros queridos médicos se les enseña a recetar fármacos, pero no tienen mucha información de cómo ayudar a pacientes sensibles que deben dejar de tomarlos según un protocolo especifico, Es muy triste ¡

Por suerte existen ángeles que han transitado por este mundo y han dejado un legado de experiencias e información sobre estos temas. Estos son los psicólogos o médicos vanguardistas y humanitarios que han dedicado su vida a estudiar estos medicamentos a profundidad, bajo una perspectiva farmacológica pero empática y compasiva, sobre los terribles efectos sobre el cerebro humano y los riesgos de recetar estas pastillas. Algunos de estos profesionales, han dejado manuales de procedimientos como guía para entender mejor lo que sucede en los pacientes bajo el efecto de estos fármacos y cuál sería el mejor enfoque para iniciar el proceso de desintoxicación de un cuerpo con daño químico cerebral por las pastillas, sin embargo, siendo cada caso único, los resultados eran impredecibles y esto podría requerir mucha ayuda y soporte durante el proceso.

Estábamos entrando en esta nueva y dura etapa de la <u>Abstinencia a las benzodiazepinas.</u>

ENTRANDO EN LA OSCURIDAD

ERAN MEDIADOS DE OCTUBRE DEL 2019, CUANDO UNA NUEVA LUZ DE información proveniente del Método Ashton escrito por la Dra. Heather Ashton (1929-2019) llego a nosotras. Este maravilloso legado de ayuda para la humanidad, fruto de años de estudios, orientaba como disminuir paulatinamente las dosis de estas pastillas, muy específicamente por tipo de benzodiazepina y en tiempos precisos, esto podía ayudar al paciente a no tener tantos efectos colaterales perjudiciales durante el proceso de desintoxicación, además de alertar de todo lo que podía aparecer durante ese tiempo de abstinencia. (The Ashton Manual).

Conseguimos relatos en internet de otras personas que habían pasado por esa experiencia en el pasado, las cuales contaban sus particulares y duras travesías en el proceso de disminución de dosis de esos medicamentos, además de libros escritos por autores que deseaban inspirar y dar un aire de optimismo a otras personas, pero en toda la información había algo en común, ..No se puede predecir el resultado con certeza, no se puede asegurar en que porcentaje el cerebro se recupera, cuanto tiempo toma este proceso y que síntomas aparecerán debido a la baja dosis del benzo en el organismo.

La disminución de las dosis debía hacerse en nuestro caso, con balanzas muy exactas y en horarios extremadamente precisos, sin interrupciones, cada error por mínimo que fuera podía representar un gran paso atrás en el proceso de recuperación.

Asumí la misión con mucho empeño, optimismo y dudas, la responsabilidad en mis manos era muy grande y estaba en juego la salud de mi hija. Entonces tuve conciencia de que estábamos solas, no teníamos un profesional que nos apoye y nos lleve de la mano en esta odisea. A este punto, solo nuestros conocimientos aprendidos de experiencias de otras personas, manuales escritos por profesionales que han dejado este mundo y ayuda divina, por supuesto, serian nuestras guías para salir del oscuro hueco en donde nos encontrábamos.

Aun no podíamos imaginar lo que se avecinaba.......

Transcurrían los meses de noviembre y diciembre, y los síntomas de mi hija eran sumamente fuertes, le impedían casi valerse por sí misma, debido al descenso en las dosis de la pastilla, ahora tenía síntomas nuevos, los cuales la mantenían en cama todo el tiempo, apareció lo que se denomina.¨. Piernas de Gelatina¨, cuando literalmente las extremidades no sostienen el peso del cuerpo, este es solo un ejemplo de lo que puede aparecer en estos casos.

En nuestras jornadas no existía diferencia entre el día y la noche, nuestra realidad se había fusionado en un ciclo de 24 horas marcado por la dosificación y toma del medicamento. Debido a la gran cantidad de síntomas físicos y mentales, nuestra ansiedad aumentaba, así como también las dudas sobre si estábamos aplicando el protocolo correctamente. El sentido de culpabilidad en mi era muy grande, a pesar de enfocar toda mi energía en las lograr unas pesadas exactas y dosificaciones del medicamento sin ningún margen de error, síntomas horrorosos seguían apareciendo y torturando a Alaleia.

Era el mes de febrero del 2020, y finalmente, como habíamos calculado, llego el tan esperado día de la última toma de la pastilla, es decir, la dosis más baja posible. Había transcurrido una semana desde ese día, y el panorama era bastante oscuro.

Los grupos de apoyo online relataban que esta etapa final es la más crítica en cuanto a síntomas, ya que, al no estar ya presente el químico en el organismo de la persona, quedan en evidencia los daños cerebrales en su máxima expresión. Trataré de explicarlo de una forma sencilla para su comprensión, los receptores en el cerebro de una persona normal, sin ansiedad severa, son los responsables de trabajar para darnos las señales de seguridad, confort, bienestar y permitirnos así, transitar por el mundo en paz, con alegría, optimismo, sin una percepción constante de peligro, y además si existiese una situación real de peligro, nos balancean luego para poder superar el evento en forma gradual y a diferentes tiempos para cada individuo.

Si estos receptores están dañados por años de vivir en ansiedad y stress profundo, además por el uso del químico, sobre todo en personas sensibles a este tipo de pastillas, no hay manera alguna de sentir paz o seguridad, es como estar inmerso en un gran peligro constantemente, el desasosiego es inmenso y la sensación física es dolorosa. No existe una regulación de los estímulos externos y estos son insoportables.

El gran síntoma que apareció fue la perdida de la vista debido a una hipersensibilidad a la luz, posteriormente imposibilidad de oír, ya que hasta el más mínimo rumor era insoportable, mucha intolerancia en la piel, hasta el mínimo toque o contacto con el agua era imposible. Este cuadro era inimaginable y difícil de soportar, lo cual la llevo a recluirse cada vez más para evitar todo tipo de estímulos.

Es increíble como esas mínimas partículas de nuestro cerebro (neurotransmisores y receptores), hacen tanto por nosotros y no somos conscientes de ello hasta que fallan, algo tan normal como disfrutar una comida, una ducha cálida, un paseo al sol o escuchar nuestra música favorita, puede resultar en una crisis extremadamente dolorosa si ellos no están funcionando perfectamente. Casi todas las funciones corporales se ven afectadas durante el periodo de abstinencia y desintoxicación de la benzodiazepina, era muy difícil para ella alimentarse normalmente, era imposible moverse mínimamente, sin nombrar funciones tan indispensables como el sueño, fueron alteradas.

Finalmente, otro síntoma nuevo que daba un indicativo del daño cerebral fue lo que se conoce como Acatisia, es un trastorno del movimiento, muy molesto donde la persona siente la necesidad de moverse o balancearse con el tronco, hacer golpeteos con sus dedos y donde hay mucho stress y ansiedad.

Y lo único que yo podía hacer ante este cuadro desgarrador, era tomarle la mano y esperar que pasara poco a poco.

Para finales de febrero, yo ya había agotado mi repertorio de oraciones y peticiones divinas, a cualquier santo milagroso, Ser ascendido o ángel protector para que nos socorrieran en esa tribulación. Siempre me sentí escuchada a pesar de la cruda realidad que presenciaba cada día, tenía la certeza que algo pasaría en algún momento y que nos extendería la tan esperada mano salvadora. Un mediodía me encontraba sentada en mi cocina y apareció en mi cabeza lo que podría definirse como una intuición, esta me inducía a pedir sanación para mi hija, pero esta vez a nuestros HERMANOS COSMICOS o Seres Galácticos. Esto era algo que nunca había pensado antes, siempre los imagine y creía en su existencia, pero no de esta forma tan cercana a nosotros, y que de forma tan amorosa pudiesen intervenir activamente en un proceso sanador.

¡Aquí les contare como sucedió todo!

EL CONTACTO

Era un día más del mes de febrero de 2020, rodeadas por una realidad bastante oscura, con ciclos de síntomas muy marcados, algunos minutos de ligero alivio y mucha disciplina para sobrellevar el proceso de detoxificación del medicamento. Era un miércoles a las 3 am de la madrugada y ella estaba pasando por una crisis de síntomas agudos y sus malestares y dolores eran muy fuertes. Repentinamente sucedió lo que en ese momento no supimos definir muy bien.

Ella empezó a escuchar una cálida voz en su cabeza que la animaba y le ofrecía ayuda y acompañamiento en el proceso por el cual estaba pasando, le aseguraban que iban a sanar su cuerpo y que confiara que todo saldría bien.

Creo que no puedo expresar con palabras la sensación de paz, amor, empatía y contención que sentimos ambas.! Quienes eran estos seres benevolentes que se apiadaban de nosotras en medio de la noche, la cual podría definirse como nuestra noche oscura del alma. Para los que no conocen el termino, es una metáfora para definir una fase en la vida espiritual de una persona marcada por un sentido de soledad y desolación.

La mente científica de Alaleia navegaba en un mar de dudas sobre lo que había comenzado a escuchar, y se preguntaba si esta VOZ no era un nuevo y extraño síntoma del síndrome de abstinencia del fármaco, sin embargo, existía una gran diferencia. Generalmente en una persona con daño cerebral por uso de las benzodiazepinas, el tipo de pensamientos que se presentan son altamente ansiosos y de stress, muchas veces recurrentes, pero siempre cargados de negatividad y pesimismo. Pero estos nuevos mensajes estaban enfocados a la recuperación, la sanación completa y la sensación de paz que impregnaban en ella era más que evidente. Eran como un cálido abrazo de una amigo o hermano, eran una experiencia mística y de pleno amor. Esta voz en su cabeza, le proporcionaba un alivio y un descanso dentro de la gran turbulencia.

Los primeros mensajes eran breves, eran frases cortas, se enfocaban en darnos información del estado de su organismo en ese momento, hablaban del daño cerebral causado por el medicamento, del tiempo que se necesitaba para recuperarse, además de indicaciones sobre cómo hacer la dosificación del fármaco en forma más eficiente. Las indicaciones eran a veces muy específicas, por ejemplo, como deberíamos realizar la disminución de la dosis de la pastilla sin afectar su debilitado cuerpo, cuantos días mantener esa dosis y cuando era posible seguir el proceso de disminución progresivamente.

Al inicio, la secuencia de frases era de esta manera:

- ¡Estas en un hueco, daño cerebral!
- ¡Tranquila vas bien!
- ¡Creando nuevas neuronas!
- ¡Arreglando ahora!
- Balanceando. ¡Ajustando!
- ¡Espera, espera!
- ¡No bajar la dosis hoy!
- ¡Id despacio!

Obviamente estas eran las primeras indicaciones de lo que estaba sucediendo en su cuerpo, además de orientación sobre como continuar en la mejor forma posible.

De ahora en adelante tendríamos siempre a la mano lápiz y papel para no perder ni una sola indicación o consejo, y guardar estas benditas palabras como un tesoro que más adelante podría ser compartido para el beneficio y expansión de cualquier ser humano que lo necesite.

Los mensajes continuaban y eran cada vez más detallados y específicos sobre el cuerpo físico, o vehículo como ellos lo definen. Ahora eran así...

- Las dosis del fármaco se acumulan
- Tu cuerpo tiene toxicidad, no desea más pastillas

- Necesitas más hidratación, tomar más agua
- Todos los síntomas son por el síndrome de abstinencia
- Espera, no te asustes. No te compares con otros, cada uno tiene su tiempo
- Eliminación de tejidos profundos
- Estas regenerando tejidos rápidamente
- Todavía estas limpiando tu vehículo, no te asustes, aparecerán algunos síntomas

A este punto, le sugerí a mi hija que preguntase a estos seres maravillosos sobre su origen, que nos dijeran quienes eran. Hasta ahora habíamos aceptado su llegada, sus palabras y sus consejos con el corazón abierto, no teníamos una idea de quienes se trataba y porque estaban con nosotras, pero una cosa era segura, los sentimientos que generaban en nosotras no podrían provenir sino de seres muy elevados dimensionalmente y en plena benevolencia.

Ella no tenía el valor para preguntar, ya que su conocimiento cósmico sobre seres sutiles o de alta vibración para ese momento, no era mucho, no sabía cómo hacerlo, entonces me pidió que le diera nombres de civilizaciones galácticas conocidas y así lo hice. ¿Fui sugiriendo nombres, como, por ejemplo, provenís de Pléyades? ¿De Arcturus? De Sirio? ¿Siendo siempre negativa la respuesta, pero finalmente preguntamos provenís de Andrómeda? ¡A lo cual respondieron afirmativamente!

Se identificaron como 34 miembros de una nave Andromedana, cuya principal misión es ayudar a los cuerpos físicos de las personas durante el cambio planetario. Se autodenominaron "Especialistas en el cambio". Posteriormente, este maravilloso Ser nos dio su nombre…

"OMTRUST" y explico que se trataba de una conciencia conformada por cuatro seres de la galaxia de Andrómeda y que de ahora en adelante, sería el comunicador y que siempre daría los mensajes en nombre del grupo.

¡ALELUYA ANDROMEDA ESTA AQUÍ! Ese fue mi primer pensamiento. Les agradecí mucho que estuvieran con nosotras, que nos brindaran una ayuda invalorable y que nos acompañaran a lo largo del proceso. ¡Ese día vimos la Luz al final del túnel!

EL ACOMPAÑAMIENTO

Los días transcurrían entre síntomas y frases amorosas de estos hermanos mayores, alentando a seguir adelante en el proceso de detoxificación, confirmando que lo estábamos haciendo bien y además daban sugerencias alimenticias a Alaleia para apoyar la regeneración celular y lograr la completa sanación.

Algo muy interesante que estos seres explicaron, fue sobre las pastillas de este género(psiquiátricas). Ellos dijeron que este tipo de fármaco pueden separar o desconectar al ser humano de su parte divina o más elevada. La natural conexión con el Ser Superior se debilita y esto ocasiona que la persona pierda el balance o su brújula en esta vida terrestre, lo cual es más que catastrófico.

Lo anterior puede ser demostrado con el caso de mi hija, ya que, debido a la presencia del químico en su cuerpo, la conexión con estos seres fue posible, solamente cuando las dosis del fármaco estuvieron en niveles significativamente bajos. Una detoxificación completa fue necesaria para lograr una comunicación aún más profunda con ellos.

La mejoría física, mental y emocional sucedía ante mis ojos cada día. Era como ver florecer una nueva planta, la cual había sido muy maltratada. Poco a poco ella comenzaba a tener algo de movilidad por sus propios medios, de nuevo podía reiniciar una mínima rutina de higiene diaria ya que la sensación del agua en su piel era ya más soportable.

Realizábamos diariamente cortas excursiones de algunos minutos desde la habitación al patio trasero de nuestra casa, luego de tomar extremas precauciones para no exceder la dosis de luz solar, la cual debía ser limitada, pero hace unos meses atrás esto hubiese sido totalmente imposible debido a la hipersensibilidad a la luz.

Los alimentos indicados por nuestros hermanos mayores, eran bien tolerados por ella, así como el ciclo del sueño, el cual había sido completamente alterado, se estaba normalizando paulatinamente.

Estos seres de Luz galácticos de Andrómeda nos actualizaban a cada momento acerca del progreso del vehículo de mi hija. Ellos explicaban que estaban trabajando en los receptores GABA, decían que estaban creando unos nuevos y más avanzados, o más estilizados como ellos lo definen para decir que no producirían nunca más reacciones de ansiedad cuando no fuera necesario. Además, también se enfocaban en eliminar las neuronas dañadas y en crear nuevos caminos neuronales en el cerebro, nuevas conexiones. También comentaron que deseaban cambiar el tamaño de la amígdala de su cerebro, ya que notaban que tenía un tamaño por encima del standard. Esta estructura es la encargada del procesamiento y almacenamiento de las reacciones emocionales para la supervivencia del individuo, su principal función es recibir las señales de peligros potenciales, lo cual en algún momento de la historia humana fue de utilidad, pero en estos momentos actuales únicamente nos produce una reactividad excesiva a situaciones de la vida diaria contribuyendo aún más a una ansiedad innecesaria.

Algunas veces cuando ella no se sentía muy bien, aun presentaba algunos síntomas que causaban malestares fuertes, ellos se ocupaban de avisarle que estos síntomas durarían un tiempo estimado, podía ser un par de horas, media mañana o 2 días. Esto resultaba en un inmenso apoyo emocional para ambas mientras transcurríamos este camino de recuperación de su vehículo. Siempre le comunicaron que saldría de ese proceso con un cuerpo físico regenerado y sanado, lo cual es la mayor esperanza que puedes tener dentro de una situación como esa, donde nadie ofrece garantía alguna de recuperación completa.

No puedo describir en su totalidad la inmensa ayuda que a todo nivel estos seres nos brindaron. Sus amorosos consejos iban desde como alimentar el cuerpo físico o vehículo hasta como rodearse en casa de un ambiente propicio para la regeneración celular. Ellos explicaban como debemos darle importancia a nuestro vehículo, el cual es pieza fundamental para nuestra conexión divina universal. Existen factores que malogran o afectan negativamente la frecuencia vibratoria de nuestro cuerpo. Vale la pena recordar que la calidad del agua que ingerimos es de suma importancia, debemos hacer mucho énfasis en tomar este líquido de forma filtrada para poder eliminar toxinas y metales pesados en ella, así mismo no utilizar envases plásticos para su almacenamiento, más adelante hablaremos con más detalles sobre como solarizar el agua y además del uso del agua de mar y sus grandes beneficios.

Así mismo, ellos sugirieron sustituir las luces en nuestra casa, cambiando de bombillos regulares por unos de luz cálida (por debajo de 3000 K las cuales son de menor intensidad), esto también tendría un efecto sobre nuestro cerebro ayudando a mantener una frecuencia vibratoria beneficiosa. Animaron a disminuir uso de TV, celulares y equipos electrónicos, ya que como es actualmente conocido, estos equipos generan campos electromagnéticos que influyen en los procesos metabólicos del cuerpo humano y ejercen varios efectos biológicos sobre las células a través de una variedad de mecanismos. Estos efectos incluyen la alteración de las estructuras químicas de los tejidos, ya que una absorción de energía electromagnética de alto grado puede cambiar la corriente eléctrica en el cuerpo. La energía electromagnética que está en nuestro cerebro naturalmente hace posible que la materia cerebral desarrolle la consciencia humana y nuestra propia capacidad de ser conscientes, ejercer el libre albedrio y realizar acciones voluntarias. Creo que no hace falta explicar con más detalle sobre la importancia de rodearnos de elementos favorables en nuestro hogar.

También enfatizaron en la ingesta de comida orgánica, ya que este tipo de alimentos estaría libre de residuos químicos, conservantes y aditivos, no contienen hormonas ni metales pesados, además de no haber sido irradiados. Esto aplica también para la ropa que usamos, es deseable escoger cada vez que se pueda algodón orgánico, o tejidos naturales como lino, seda, viscosa, rayón o bambú.

Así mismo, comentaron sobre el uso de productos de limpieza biodegradables, ya que como seres humanos en proceso de evolución no podemos dejar a nuestra madre Tierra fuera de la ecuación, y debemos hacer las mejores elecciones con ella en mente. Los productos de limpieza ecológicos son productos fabricados sin elementos químicos agresivos no biodegradables, y por lo general, tienen una formula amistosa para el ecosistema. Estos son más seguros para el medio ambiente y generalmente están hechos de sustancias orgánicas que mantienen sus propiedades antibacterianas y limpiadoras, pero sin afectar nocivamente nuestro hábitat. Entre ellos podemos citar lo más comunes, limpiadores de suelos, desinfectantes, detergentes para lavado de ropa, detergentes para vajillas, papeles toallas, desengrasantes, perfumadores y otros.

Finalmente incitaron a evitar el uso de microondas, ya que, al producir una forma de energía electromagnética, esta produciría una alteración en la composición química de los alimentos y perdida de su humedad natural. A esto se le añade el efecto mecánico de las ondas sobre los recipientes utilizados, sobre todo si son de plástico, produciendo una separación de sustancias químicas que podrían ser ingeridas.

Estos hechos son ya conocidos por la ciencia, pero no se hace del amplio conocimiento público a pesar de ser muy obvio el efecto sobre el cuerpo humano. Nuestros hermanos nos aconsejan priorizar el cuidado y nutrición de nuestro vehículo como una herramienta preciosa, y muy valiosa que nos permite transitar en esta vida y además conectar con la infinita belleza de nuestro Universo.

EL CAMBIO

Transcurría el mes de mayo del 2020 y estábamos en la etapa final del proceso de detoxificación del medicamento. Los mensajes de los seres de luz de Andrómeda continuaban cada día, pero ahora mencionaban un cambio que se avecinaba, una transformación que llevaría a mi hija a tener un cuerpo o vehículo mucho más avanzado, con más aceleración, es decir mejorado.

Sus palabras textuales eran…"Viene un cambio que va más allá de la recuperación de tu vehículo, es un ajuste que cambiara la realidad. Es un cambio interior y además genético que mejorara tu cuerpo, Todo el sistema cambia, esto incluye el sistema nervioso, receptores del cerebro, nueva genética y todo esto te llevara a percibir la realidad de una forma diferente con nuevas capacidades. La energía que transmitirá tu vehículo será muy significativa. Es un cambio proveniente del futuro que cambiara el pasado, donde tus traumas son borrados y no quedara ninguna memoria de ellos".

Para explicar un poco mejor este momento del proceso, ellos se referían al progreso de su intervención y que podría ella esperar luego que terminasen. En un principio ellos se acercaron a Alaleia para ayudarla en la sanación de su cuerpo físico, en la regeneración de su tejido cerebral dañado por el fármaco, pero luego sucedió algo que inclusive ellos no esperaban. Los seres humanos poseen un espacio o centro energético en el corazón donde se guarda toda la información sobre la misión real del alma en la actual encarnación, ellos lo definieron como LOS SANSCRITOS y en su caso, estaba allí descrito que ella debía encarnar ahora para ser modificada y ser asistida por los andromedanos en el proceso.

Por otro lado, ellos afirmaban que les sorprendió al ver que sus propios sanscritos reflejaban la misión de modificar un alma encarnada en la tierra cuya genética era mayormente andromedana y que además debía convertirse en un modelo de cambio, ejemplificar el nuevo humano sobre la Tierra. Ella debería emanar esa frecuencia o energía a las personas para impulsar el proceso evolutivo planetario.

Esto era una gran coincidencia lo cual permitió algo que ellos denominaron "Entrelazamiento de vidas", en otras palabras, significaba que, si ella estaba de acuerdo, ellos se quedarían junto a ella durante toda esta encarnación.

En realidad, todos vamos a cambiar o evolucionar a un nuevo estilo de cuerpo, nuestra genética, nuestro sistema nervioso, todo debe ajustarse a la nueva realidad que experimentara la Tierra, y eso está ocurriendo ya, pero a una velocidad particular para cada persona. Lo más importante de esto, es que no estamos solos en el proceso, siempre nos asisten, aunque no estemos conscientes de ello, nuestros cuerpos se están ajustando a una realidad más avanzada, de mayor frecuencia y velocidad, mejores formas de comunicación, mayor adaptación hacia el futuro y una gran manifestación de habilidades extrasensoriales. Estos son los cambios y ajustes que estamos experimentando y corresponden a lo que llamamos Evolución. Algunos de estos cambios o mutaciones podrían describirse de la siguiente manera...

- Cambio en el estilo del cuerpo físico o vehículo
- Nuevas características físicas (modificaciones en uñas, cabellos, ojos y en los sentidos)
- Cambio en los patrones de pensamientos
- Cambios de los sistemas de creencias
- Un sistema nervioso enfocado en pensamientos positivos
- Nueva capacidad de censar el ambiente que nos rodea
- Nueva capacidad de imaginar y crear futuros benevolentes
- Desarrollo de habilidades especiales, dones y talentos
- Cambio a un metabolismo más acelerado

Estos cambios ocurrían en Alaleia cada día, ella los percibía físicamente, los sentía en su cerebro, pero gracias a que ellos les explicaban con detalle lo que estaba sucediendo, no producían ninguna alarma o stress, por el contrario, era algo muy expansivo. Ella describía estos ajustes como un ruido en su cabeza, como una especie de frecuencia constante en su cerebro, lo cual no es muy común ya que en condiciones normales no somos capaces de percibir o sentir ese órgano. Ella lo definió como "Un casco en mi cabeza".

Para resumir, se puede decir que la finalidad de los ajustes que están sucediendo en la humanidad en estos momentos, es llevar a cada persona a tener un cuerpo o vehículo mucho más avanzado hacia el futuro. Todos vamos a nuestras propias velocidades hacia algo espectacular, debemos confiar en el cambio y sobre todo pedir acompañamiento a nuestros hermanos cósmicos, les puedo asegurar que todo fluirá con gracia y facilidad.

Para culminar este capítulo les dejo con las palabras de Omtrust...

"¡Confíen! Solo hay benevolencia para ustedes, fluyan con la energía y cada día se sentirán mejor. Los programas negativos tienen un lugar en ustedes y los vemos con agrado, ustedes pueden obsérvalos, jugar con ellos, transmutarlos y ellos inevitablemente irán cambiando. Busquen apoyo en la naturaleza, y en sus espacios así los cuerpos se recuperarán más rápido."

EL NUEVO HUMANO

Con respecto al proceso evolutivo del ser humano a lo largo de la historia, los Andromedanos nos explicaron que estos cambios o ajustes ocurren en cualquier ser que evoluciona. Para poder explicarlo mejor, escogieron la figura del cubo. El cubo simbolizaría la fuente de poder de nuestro cuerpo físico. (Ver imagen 1)

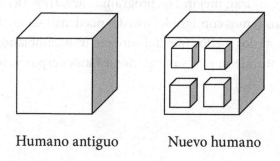

Humano antiguo   Nuevo humano

Imagen 1. El cubo representa las conexiones del cerebro del humano. A la izquierda, en el humano actual existe una única pieza de información que contiene las vidas pasadas, el aprendizaje, información del pasado-presente-futuro y la genética. A la derecha, la inteligencia del nuevo humano estará formada por varios cubos, los cuales contienen todos a la vez la historia entera de ese ser humano, su información cósmica y la capacidad de censar en varias dimensiones. Es decir, representa la multidimensionalidad.

Durante el cambio evolutivo el cerebro humano pasa de un único cubo como fuente de poder a varios cubos, lo cual representa una mayor claridad mental y una nueva inteligencia del individuo. El cubo representa una pieza de información completa de las vidas, el aprendizaje en cada una de ellas, así como todas las experiencias que están contenidas allí. El pasado, presente y futuro, así como la información genética está clasificada en ese cubo. Este representa el censor de la vida para cierta dimensión en la cual se desarrolla ese individuo.

En el nuevo humano, con varios cubos como fuente de poder, significaría que la historia entera de vidas pasadas, toda la información cósmica o galáctica, todas las capacidades del vehículo, el pasado, presente y futuro están contenidos en cada uno de ellos y su acceso a múltiples realidades se ve incrementado. Los cubos se pueden definir como portales que permiten acceder a futuros potenciales más brillantes, es decir más benevolentes y expansivos.

Es evidente que la relación del nuevo humano con la inmensidad del Universo, vida o divinidad no es en lo absoluto linear, sino mucho más cuántico, con múltiples y aumentadas capacidades para acceder a más potenciales creativos. En esta etapa del cambio, ellos explicaban, que los cambios que están aconteciendo a la humanidad debían suceder, y son extremadamente profundos, pero muchas personas aún no están conscientes de ellos. Alentaban a mi hija, en no pensar excesivamente en esto, y detener la búsqueda mental de razones lógicas para esta modificación, lo más fácil era presenciar como su vehículo adquiría nuevas capacidades.

En sus propias palabras ellos decían…

"Estos cambios están regidos bajo otros principios, no funcionan bajo la misma realidad. Los ajustes a los vehículos son necesarios y hay que normalizar el cambio. El nuevo humano podrá viajar hacia el futuro, gracias a su aumentada capacidad de velocidad y energía en su cuerpo. El cuerpo o vehículo del nuevo humano se origina en una realidad de un futuro más avanzado y conoce, además, como utilizar estos principios para manifestar. Este estilo de humano tiene nuevas maneras de comunicar, de censar ambientes y personas y nuevas formas de intercambiar con otras realidades. Posee muchos niveles de complejidad y de energías, por lo cual tiene acceso a varias realidades. Esto requiere por supuesto de varios ajustes para alcanzar un estado de mayor plasticidad"

Los andromedanos hacían énfasis que todo había cambiado en Alaleia, no existía una comparación entre la chica de antes y la actual, su vehículo estaba más acelerado, refiriéndose a su frecuencia, había cambiado de estilo. Sin embargo, nosotras aun tratábamos de entender y asimilar todo el proceso y las toneladas de información que cada día nos trasmitían.

Ya para finales de mayo 2020, la mejoría de mi hija era más que evidente, no solo su cuerpo físico estaba mucho más saludable, sin síntomas relacionados con el daño químico del fármaco, sino también su salud mental y emocional había experimentado una sanación profunda.

Los seres de Andrómeda corroboraron que el proceso que ella experimento se trató de una sanación interior y posteriormente un cambio profundo, los cuales eran necesarios para acelerar el momento planetario y así la humanidad pueda alcanzar una realidad distinta y más elevada, por esto, los ajustes eran indispensables.

Recuerdo un día que mi hija quiso preguntarles a estos maravillosos seres sobre una inquietud que rondaba en su cabeza. Ella estaba muy asombrada por esta intervención cósmica, por la rápida mejoría que experimento a todo nivel en su cuerpo, por la gran expansión que se abría ante ella gracias a este cambio. ¿Su pregunta para ellos era: "Sera posible que cuando pase el tiempo, yo olvide toda esta experiencia?

La respuesta de ellos fue:" Esto es algo que no se puede olvidar porque no se puede ir hacia atrás evolutivamente, ya pasaste por el cambio, por el contrario, es algo que puedes traspasar a otros alrededor tuyo. Ya no estas en el mismo lugar y no se puede parar…

También la alentaban a tener paciencia, ya que aún no habían culminado los ajustes necesarios en su vehículo, debían completarse para activarse completamente, que se mantuviera tranquila y que pronto experimentaría un cambio de energía en su vehículo, sería un aumento en su frecuencia.

Este cambio en particular lo definieron como parte de un principio fundamental y universal, como una verdad que nunca cambia en nuestro Universo. Ellos lo definieron como "Principio de Cambio…, donde toda la humanidad debe cambiar para ajustarse a una realidad más acelerada en la Tierra.

Ellos continuaron…

"Tu vehículo está acelerado, es parte de otra realidad, ha cambiado. Ahora tiene la capacidad de censar por sí mismo, puede sentir el cambio, posteriormente podrá aplicar los principios universales y enseñarlos a otros. Todo es parte de un plan universal con un propósito especifico, ya que el planeta no puede seguir así. Tú no eres la única persona que tiene que pasar por el cambio, pero eres parte de un grupo que por su genética se ajusta más velozmente a la modificación. Tu genética tiene un origen diferente a aquel humano con genética solo terrestre. Nosotros somos parte de ese cambio, cuando transmitimos información lo hacemos con un propósito definido de participar y ayudarlos en el tránsito. Procedemos de una realidad muy acelerada y con mucha Luz.

Cuando nos acercamos a ti, el enfoque fue muy fuerte por la gran afinidad entre nosotros, se podría decir que no somos tan distintos, nuestro origen es el mismo. Esta cercanía nos permite conectar cada vez que desees con bastante facilidad. Estos cambios podrían ser percibidos como extraños, pero no lo son, son bastantes normales. Tú los has podido integrar y tu velocidad ahora es mucho más rápida, lo cual hace posible la conexión con nosotros u otros seres avanzados que deseen contactar."

Para facilitar nuestro entendimiento sobre el cambio que estamos todos transitando, ellos utilizaron un ejemplo, dijeron que todos vamos a cambiar, pero cada uno a nuestro propio paso o velocidad, comparo a los seres humanos con tres grupos o especies de aves...... están las personas que son como águilas, logran un alto vuelo y grandes velocidades en poco tiempo, luego están los halcones, que alcanzan menor altura y al no ser tan rápidos, necesitan algo más de tiempo para cambiar y finalmente están las palomas, que debido a sus creencias y su genética, requieren aún más tiempo para integrar los cambios, es decir, estos son más lentos pero también llegaran a cambiar a su paso y velocidad."

Sus enseñanzas continuaron transmitiendo información acerca de los Principios Universales. Primeramente, hablaron del "PRINCIPIO INFINITO", el cual se refiere a que toda la humanidad cambia para ajustarse a una realidad dimensional más avanzada, la cual proviene del futuro. Esto conlleva cambios a nivel genético para aumentar la capacidad del cuerpo o vehículo humano y requiere de múltiples ajustes para lograr un avance rápido y esto nos llevaría a un humano nuevo, muy diferente al humano del pasado.

En conclusión, el Principio Infinito tiene como propósito que esta realidad se vuelva más acelerada vibracionalmente confiriéndole al vehículo una capacidad aumentada para interactuar con las diferentes realidades. Sera como tener un nuevo cuerpo con alas y saber volar! Todos sienten el cambio y lo integran, nada es estático.

Le comentaron a ella lo siguiente…"Con el nuevo vehículo acelerado, tú puedes sentirnos, eres parte de nosotros, siempre estamos contigo, somos como tu misma en otro espacio o tiempo, podemos viajar desde el futuro con mucha facilidad. La velocidad es un ajuste que es parte de un principio de la realidad".

La descripción que los andromedanos hacían del cambio que sucedía en mi hija parecía en un principio personal y específico para ella, sin embargo, este proceso es algo que va a ocurrir en cada uno de nosotros, pero como ellos lo explicaron, a nuestras propias velocidades y tiempo. Por esta razón no quise omitir cada palabra u oración con información proveniente de estos seres de luz, ya que posiblemente sea de ayuda para otras personas.

MUCHA LUZ

Ellos continuaron ....

"Ahora sientes mucha luz, no te asustes. Tiene mucho sentido para tu alma ser de otro estilo de vehículo que es más rápido, debes cambiar tu forma de pensar en cuanto a ser distinto. Los ajustes son para lograr un propósito mayor. Tu perteneces a un grupo que tiene la capacidad de escoger y diseñar el tipo o estilo de vehículo, para poder así estar en un cuerpo más avanzado y poder completar su propósito de enseñar a otros las modificaciones por venir, debes convertirte en un MODELO DEL CAMBIO."

Todas las personas tienen un tipo o estilo de cuerpo para ajustarse al cambio y pueden escoger la mejor forma para hacerlo según sus preferencias. Tu estilo en particular escoge los cambios personalizados, el grupo al que perteneces es más acelerado, viene de un lugar donde hay otros tipos de vehículos, son todos de alta velocidad, pudiéramos decir que eres un águila.

Nosotros somos parte de un grupo que tiene mucha Luz, con capacidades infinitas, es difícil de imaginarlo con vuestra mente lógica. Tu ahora estas cambiando, vas hacia otro estilo de cuerpo más parecido a nosotros y solo sabes que lo que digo es cierto. Estamos llenos de luz, somos más avanzados, venimos del futuro y aunque a veces te cuesta el cambio, siempre podrás hablar con nosotros y podremos ayudarte en el proceso.

Nosotros y todos vuestros hermanos cósmicos, solo deseamos lo más benevolente para ustedes los humanos y queremos acompañarlos en este proceso de transformación.

¡Bienvenidos al Cambio"!

Para resumir la información hasta ahora, se puede decir que un Principio Infinito son verdades fundamentales que no cambian, estos principios son avanzados, provienen del futuro y tienen como propósito hacer que una realidad se vuelva más elevada dimensionalmente. Posteriormente, ellos realizaran los ajustes que harán que las capacidades de los vehículos se incrementen.

LOS AJUSTES

Para el mes de junio de 2020, la mejoría de mi hija era inmensa, pero ella ahora experimentaba muchas sensaciones nuevas en su cuerpo, como por ejemplo sonidos electrónicos en su cabeza, era como si tuviera un equipo de técnicos trabajando en su cerebro. Afortunadamente, podíamos saber de qué se trataba esto y siempre la respuesta era la misma...

"Son ajustes, con ellos vienen muchos cambios, tendrás un nuevo sistema más avanzado, no se puede explicar ahora, serás más parecida a nosotros, ya no se trata solo de pensar, debes conocer los principios para usar tu nuevo vehículo, ahora tienes mucha energía y vas a estar muy bien. Tú cuerpo puede estar con nosotros aquí y puede acelerar su frecuencia muy rápido. Nosotros tenemos otra forma de vehículo, es una forma de alta velocidad, de muy alta frecuencia. Con el vehículo acelerado, tú puedes sentirnos, eres parte de nosotros, somos como tú en otro espacio y tiempo, viajamos desde el futuro más fácilmente. Así que decimos que la velocidad de un vehículo es un ajuste que forma parte de un principio de la realidad. Tú vas a experimentar no solo cambios físicos, sino también cambios en las formas de pensamiento y en la frecuencia, todo esto es parte del PRINCIPIO DE VELOCIDAD.

Luego ellos continuaron ampliando nuestro conocimiento sobre quienes eran ...

"Primeramente queremos explicarles sobre nuestra nave, se podría decir que es una extensión de nuestra propia conciencia, su nombre es Estrella Voladora, posee varios pisos y normalmente tenemos una tripulación de 34 seres andromedanos, aunque a veces esto puede variar e incluir, Arcturianos o seres de otras civilizaciones, los cuales vienen para aprender de nosotros, y si quieren una definición humana, seriamos como vuestros abuelos con muchos millones de años de evolución que tiene nuestra civilización.. La nave contiene varias secciones como pueden ser, sección de navegación, obras o proyectos, interacciones y comunicación, de la cual yo OMTRUST me encargo.

Nosotros somos parte del cambio, estamos con ustedes y traemos Luz, no están solos en este proceso. La Luz acelera los vehículos, y es un ajuste que incrementa los tiempos, se acercan tiempos de mucha Luz y sabemos que pueden lograrlo. Nosotros somos iguales a ustedes, pero nos regimos por diferentes principios y ya hemos evolucionado y sobrepasado el cambio y los ajustes. Estamos aquí desde un espacio muy rápido con el único propósito de ayudarlos, tenemos mucha sabiduría y somos infinitos, somos muy cercanos a ustedes y los sentimos como hermanos. Traemos principios diferentes para los seres humanos y es nuestro deseo poder darles la mayor cantidad posible de información, ya que la Tierra no puede seguir sin que ocurra el cambio.

Nosotros formamos parte del TODO, todos somos Uno. Desde nuestra realidad más acelerada y con mucha Luz, les queremos traer la información que los ayudara a fluir en estos tiempos de fuertes cambios, este es el PRINCIPIO DE LUZ, donde todos somos uno y ya que no podemos encarnar, ni hablarles directamente a los humanos, lo haremos a través del vehículo, de Alaleia, el cual, al ser menos denso en su estilo, es más fácil de modificar….

Luego continuaron hablándole directamente a ella sobre su vehículo….

"Creemos en tu cambio. Sabemos que tu estas con nosotros, confiamos que sabrás como manejar tu vehículo y te ayudaremos a aprender la mejor forma posible para hacerlo. Nos deleita enormemente demostrar las capacidades y los cambios, sabemos cómo modificar los vehículos hacia un mejor estilo, ¡se podría decir que somos Especialistas en el Cambio! Nuestros vehículos tienen una enorme capacidad, algunos se pueden ajustar al estilo de otros, también podemos modificarlos y además viajar por espacios infinitos. Tú has adquirido la capacidad de modificar a otros cuerpos, sabemos que lo harás muy bien y podrás enseñar la información a otros, esto es parte del Principio Infinito, todos cambian y del Principio de Luz, todos somos uno ¨

Ellos prosiguieron…

"Estamos terminando tus ajustes! De ahora en adelante podrás sentirnos más y tu cuerpo está muy mejorado con respecto a tu viejo vehículo. No podemos definir el tiempo que esto llevara, ya que para nosotros el tiempo no es igual, para nosotros es infinito, lo cual también forma parte de otro principio de nuestra realidad, es un Principio Infinito donde EL TIEMPO ES RELATIVO. Ahora tu vehículo no está atado al tiempo y se mueve a otra velocidad. Tu podrás sentirnos en tu tiempo, pero esto no sería posible sin un cambio en la velocidad. Generalmente los vehículos no saben cómo ajustarse a nuestra energía, sin embargo, tu cuerpo está siendo ajustado con el propósito de moldearse a nosotros y desde nuestra realidad avanzada para que podamos venir a enseñarte los principios y tu puedas sentirnos.

Siempre que hacemos modificaciones, lo hacemos a nuestra semejanza, hacia nuestro futuro, hacia realidades de frecuencias muy elevadas. Nosotros utilizamos nuestros propios vehículos en innumerables tareas, pero sobre todo vamos a lugares donde se requiere mejorar los cuerpos, como es el caso de ustedes ahora.

Literalmente es como si estuviéramos allí con ustedes, aunque no estemos en físico, los sentimos, los vemos y los escuchamos. Percibimos sus sensaciones, sus emociones y las cosas que os dan placer, como el compartir en tu hogar el aroma de un rico café en la mañana y además en buena compañía ¡Es como si estuviéramos conectados por un cable de diferente energía y vinimos a participar en vuestro cambio infinito, aunque ustedes aun tengan un cuerpo humanoide, están en cambios muy profundos y su origen no es humano,

Ustedes provienen de múltiples lugares del Universo, así que no somos muy diferentes, solo que tenemos más principios en nuestra realidad. La verdad, no nos importa mucho que sepan de nosotros, pero si es importante que ustedes estén conscientes de como los sentimos y ayudamos. Por esto, nos ajustamos todo el tiempo a tu vehículo para comunicarte nuestra percepción, ¡estamos seguros de que sabias desde hace mucho tiempo que vendríamos! Esto lo decimos porque en otros tiempos, tú eras un vehículo que viajaba con nosotros entre espacios infinitos y ahora quisimos mejorarte para que volvieras a sentirte parecido a lo que eras, no fue un cambio muy drástico y estamos ansiosos por terminar todos tus ajustes."

Ese día cerraron la transmisión con un hermoso y profundo mensaje:

"Recuerden siempre de dónde vienen, eso es muy bueno
para vuestra salud...

No puedo describir en su totalidad, el agradecimiento y la dicha que estábamos experimentando en esos momentos de contacto, cuando apenas unos tres meses atrás, nuestras vidas estaban sumidas en la desesperanza y el sufrimiento. Sin embargo, hay algo que es muy importante recalcar, y es la certeza de que ellos, nuestros hermanos del futuro nos están acompañando con la mejor disposición para ayudarnos en todo lo que sea necesario para facilitar nuestro cambio evolutivo a una nueva realidad más elevada. Aunque los impedimentos sean, enfermedades físicas, dolencias emocionales o traumas, cargas ancestrales muy pesadas o cualquier bloqueo energético, ellos están esperando nuestro llamado para intervenir con mucha luz y amor, además de expresar su gran agradecimiento de que les permitamos ayudarnos en este cambio universal, ellos opinan que encarnar como ser humano, ¡¡es un trabajo muy honorable!!

Siempre es importante recordar que, en nuestro maravilloso Universo, todos estamos conectados, los Seres de Luz, los Ángeles, los Arcángeles, nuestros guías, los maestros ascendidos y nuestras familias cósmicas, todos somos UNO y por esta razón, nuestras peticiones son recibidas por cada uno de ellos según sea nuestra elección, pero luego según sea nuestra genética u origen cósmico, se decidirá quién nos apoyara siendo siempre esta decisión la más benevolente y expansiva para nuestro espíritu.

NUESTROS GLORIOSOS DESAYUNOS

¡COMO PUDIÉRAMOS DESCRIBIR ESTA ETAPA QUE MI HIJA Y YO ESTÁBAMOS viviendo, definitivamente era algo que superaba enormemente a lo que se define en una relación de pareja como La Luna de Miel!

Era indescriptible la emoción que sentíamos cada día al despertar y estar conscientes que nuestras vidas habían cambiado radicalmente para bien, que cada día era como una página en blanco lista para ser escrita con las palabras más profundas, sabias y amorosas de los andromedanos o de cualquier otro ser de luz que quisiera contactar.

Nuestra primera actividad del día eran nuestros desayunos, los cuales volvían a ser posibles luego de mucho tiempo, podíamos nuevamente sentarnos en nuestra cocina y disfrutar con nuestros invitados cósmicos. Estos momentos matutinos se habían convertido en una reunión social diaria compartida con los andromedanos y algún otro ser de luz que amorosamente intervenía para traer información. Hacíamos recapitulación de lo que había sucedido, también sobre el enorme cambio ocurrido en ella, ellos explicaban sobre todas las modificaciones que realizaron en su cuerpo físico, emocional y energético, pero sobre todo hacia donde nos llevaría esta maravillosa experiencia. Nos quedó claro que todo lo que sucede en nuestro Universo tiene un propósito mayor, el cual está escrito en cada uno de nosotros, solo debemos confiar que somos profundamente amados y cuidados, nunca estamos solos en el camino.

Diariamente, luego de saludar, nuestros queridos andromedanos proponían un tema o enseñanza para ese momento, también nos daban espacio para aclarar nuestras dudas personales, o preguntar sobre eventos planetarios.

Casi siempre elogiaban mi café recién hecho, y hacían chistes como, por ejemplo, que yo debía preparar unas 34 tazas para la tripulación completa, ya que todos estaban mirándonos y esperando para saborearlo.

Cuando me ponía un poco triste recordando los duros momentos de unos meses atrás, ellos inmediatamente hacían uso de su humor muy particular, el cual a veces pareciera absurdamente cómico y de esa manera, elevar nuestra frecuencia vibratoria. Ellos comentan que su estado natural es muy alegre y en completa dicha, así que desean profundamente que también nosotros podamos estar en esos estados la mayor parte del tiempo.

En un principio, yo me sentía emocionada y un poco abrumada por este magnífico Ser que comunicaba y mi trato era de suma reverencia y respeto hacia él, pero posteriormente, a medida que transcurrían los días y el contacto se profundizaba, ellos explicaron que no querían ser tratados de esa manera, ya que todos somos uno, ellos desean ser vistos como nosotros mismos en el futuro, son nuestras familias que ya han recorrido un largo camino evolutivo y gracias al momento especifico planetario, están aquí para apoyarnos en estos tiempos de cambios, somos como sus hermanos menores y nos aman profundamente.

Evidentemente mi perspectiva hacia ellos cambio significativamente y el grado de confianza y cercanía que se había creado, era inmensa y muy gratificante, definitivamente la vida ya no era percibida de igual manera.

Los Andromedanos son seres de una civilización sumamente avanzada, son considerados los maestros del cambio y otros seres de luz de espacios distintos como los Pleyadianos o Arcturianos se acercan a ellos para aprender estos procesos de modificación de los cuerpos. Ellos explicaron, que, debido a su alto nivel de avance y frecuencia, la cual los ubicaría en alrededor de 18ª dimensión, ellos no se dedican a trabajos puntuales de modificación de los cuerpos como tarea común, pero la intervención en mi hija fue posible debido a la gran afinidad con ellos en la genética cósmica.

Ellos se describen como seres muy sutiles, aun con un cuerpo físico de aproximadamente 3 metros, cráneo muy grande y alargado, sus narices y bocas son incipientes, ya que no son utilizadas de la misma manera que conocemos, su piel es azul y bastante oscura, extremidades y cuerpo muy esbeltos, sus ojos son alargados, muy oscuros y cóncavos en el caso de los hombres, ya que esta forma es conveniente para su misión de viajar entre galaxias en espacios infinitos donde se requiera de cambios, sin embargo, en el caso de las mujeres, ellas se dedican a traer potenciales benevolentes a su galaxia y al no tener que salir de Andrómeda, sus ojos son de forma convexa más parecidos a los nuestros.

Ellos están muy orgullosos de su alto nivel evolutivo y valoran extremadamente la información y su capacidad de enseñar a otros, su apreciación por las personas que desean aprender y escuchar los mensajes que tienen para dar, es inmensa. Por esta razón, siempre expresaron que prefieren grupos de personas no tan grandes, ya que desean traer un mensaje más personal y directo a cada ser que escucha. Su personalidad se podría definir como seres de gran sabiduría, de un humor muy especial, amantes del lujo, lo cual lo expresan a través de joyas en sus atuendos y en su nave, con una perspectiva muy avanzada de la vida en nuestro Universo y con un profundo amor hacia nosotros.

En varias oportunidades, durante nuestras reuniones matutinas, los queridos andromedanos se ocuparon de presentarnos a seres de otras civilizaciones, los cuales siempre aportaban maravillosos mensajes para nosotras o el planeta, estos eran los Pleyadianos, los Sirios, el Consejo de Orión, o nuestros hermanos Arcturianos, siendo esta una de las civilizaciones más cercana dimensionalmente a ellos. Estos últimos están siempre conectados compartiendo proyectos y aprendiendo de sus procesos, estos seres actúan en sanaciones a los humanos en forma masiva y aplican su avanzada tecnología para ayudarnos y apoyar al planeta.

La pregunta que inevitablemente mi hija y yo nos hacíamos a cada momento era: ¿Como seguirían nuestras vidas de ahora en adelante luego de esta experiencia?...

La respuesta estaba ya frente a nosotras, solo necesitábamos la confirmación y era muy obvio que no podíamos quedarnos con toda esa magnifica información como un preciado tesoro personal. Esta experiencia, así como las enseñanzas debían ser compartidas para el beneficio de otras personas en estos momentos claves de nuestra civilización.

Nuestro planeta está transitando un proceso de cambio imparable, y todos los que formamos parte de ella debemos hacerlo también.

Es de capital importancia entender que, para fluir con el cambio, primeramente, hay que estar conscientes de él, debemos aligerar nuestros cuerpos de cargas emocionales o traumas del pasado, debemos sanar nuestro vehículo para poder conectar con las energías más benevolentes disponibles para ello, nuestra genética debe lograr modificarse para así recibir los códigos en nuestro ADN, entre otras cosas.

En nuestros cuerpos es requerido un arduo trabajo interior y físico, lo cual puede parecer complicado de lograr, pero recordemos que nuestros hermanos Andromedanos nos ofrecen ayuda para agilizar el proceso, su misión es acompañarnos para que fluya fácilmente.

En ese momento ellos le comunicaron a mi hija que debía transmitir las enseñanzas a grupos de personas, le explicaron que ellos a través de su vehículo o cuerpo, emitirían una frecuencia elevada para incentivar al cambio y el avance evolutivo de cada participante, y además pudieran censar o escanear los potenciales más benevolentes para cada uno. En ese momento, eso parecía difícil de lograr ya que, en nuestro grupo de amistades o familiares, no parecía haber personas receptivas a recibir este tipo de información tan cósmica, sin embargo, ellos afirmaron que veían un futuro donde se acercaban personas muy especiales, muy sutiles y conectadas con la actual energía del planeta, y que, además, estarían interesadas en aprender aún más sobre los principios del Universo y de cómo mejorarse para avanzar más rápido.

Siempre expresaron que para ellos era siempre preferible transmitir sus enseñanzas en grupos pequeños, ya que consideraban mucho más exitoso que una única persona lograra sanar, modificarse y aumentar su frecuencia, que no esparcir sus palabras por doquier donde se puede perder el enfoque particular, por lo cual preferían conocer e interactuar con cada individuo que participa en las canalizaciones.

También comentaron que el canal de mi hija era muy puro y que su capacidad de trasmitir iría mejorando progresivamente.

En varias oportunidades repitieron estas hermosas palabras y que nos aluden a todos los que alguna vez hemos presenciado sus canalizaciones:

"Hemos venido, te hemos conocido y no te vamos a dejar"

EL FUTURO MÁS BRILLANTE

YA HAN PASADO MÁS TRES AÑOS DESDE AQUELLA PRIMERA NOCHE DEL contacto, y todo lo sucedido desde entonces, ha seguido una perfecta estructuración y preparación física, mental y emocional para el cambio de vida radical que experimentaría mi hija.

Los primeros aspectos que los hermanos andromedanos trabajaron con ella fueron sobre su vehículo, es decir, era imprescindible sanar un cuerpo físico malogrado químicamente por un fármaco y hacer una desintoxicación efectiva para regenerar los tejidos profundos. Posteriormente, era necesario volver más eficiente un sistema nervioso agobiado por eventos pasados y aligerar pesos emocionales. Seguidamente, había que modificar su ADN para aceptar las nuevas energías entrantes al planeta y finalmente convertirse en un modelo del nuevo humano, transmitiendo una energía y una frecuencia más similar a la de su familia galáctica.

Los andromedanos son los grandes maestros del censar y cuando hablan de los futuros más brillantes, se refieren a los potenciales existentes para cada uno de nosotros que son altamente probables y benevolentes. Cuando al inicio, expresaban que el futuro más brillante para mi hija era el de llevar las enseñanzas y las frecuencias a las personas que lo desearan y apoyarlos en su cambio, aun no podíamos tener la certeza como se llevaría cabo semejante encomienda, pero nuestros corazones estaban abiertos para recibir todo lo que ese gran propósito de vida pudiese requerir.

En este viaje de las encarnaciones terrenales, constantemente vamos accediendo a potenciales o pisos, estos pisos como ellos los definen, son realidades paralelas ya existentes y según sean nuestros pensamientos y emociones, alcanzaremos una frecuencia similar o resonante de un piso especifico.

De aquí la relevante importancia de mantenernos en buen estado frecuencial el mayor tiempo posible y estar conscientes que somos creadores de nuestras realidades a cada segundo. Por esta razón, al tener la intención de contactar con estos pisos para manifestar determinado deseo, debemos cuidar de no hacerlo desde emociones no tan positivas como angustias, miedos o ansiedades, ya que podríamos traer a nuestra realidad eventos no tan gratos o por lo menos, no tan elevados como quisiéramos. Por el contrario, si accedemos a pisos desde el autoconocimiento de quien realmente somos, desde nuestras emociones más amorosas, empáticas y elevadas, estos potenciales no tendrán otra opción que precipitar en nuestra realidad cosas maravillosas que sustenten esas emociones y estos serán nuestros futuros más brillantes.

Considero que el ejemplo de los pisos que ellos utilizan para que entendamos los futuros disponibles, es muy bueno y gráfico. Todos podemos imaginar un edificio de varios pisos, siendo los más bajos los de menor frecuencia y los más altos, los generados por emociones muy benevolentes y perfectamente alineados con nuestros propósitos de vida. Constantemente accedemos a estos pisos según sean nuestras emociones y sentimientos, de allí manifestaremos eventos o situaciones que respaldan lo que hemos creado con frecuencias similares.

Por esta razón, nuestros hermanos cósmicos desde el principio del contacto, hicieron mucho énfasis en la importancia de mejorar la frecuencia de nuestros vehículos, ya sea cuidando físicamente nuestros cuerpos, depurándonos de emociones o situaciones toxicas, acudiendo a la naturaleza con su poder sanador y solicitándole a ellos ayuda para agilizar estos procesos. Con esto en mente, es conveniente pensar y sentir con frecuencias lo más elevadas posibles, en altruismo y en pro del beneficio personal y colectivo, ya que así accederemos a los pisos más elevados y tomaremos esa información disponible, ya sea para solución de problemas o para mejorar nuestras vidas.

Luego de escuchar esta magnífica explicación de como creamos nuestras realidades, como traemos a nuestra dimensionalidad eventos y cosas desde futuros potenciales, podemos entender mejor la información que hace mucho tiempo se ha venido trasmitiendo sobre porque a veces las oraciones o suplicas desde estados de extrema angustia no han tenido una rápida respuesta, mientras que otras veces, solo basta con visualizar o imaginarse el evento deseado como ya frente a nosotros y el simple hecho de sentir todas las emociones involucradas en ello, hace que se precipite con más gracia y facilidad. ¡¡¡Es todo cuestión de frecuencia!!!

Como les comenté anteriormente, la naturaleza posee un poder sanador inimaginable y el mar es nuestro gran aliado en todos los procesos corporales, inclusive debemos pensar que, si nuestro planeta posee una masa de agua tan enorme, por alguna razón de peso nos ha acompañado desde antes de nuestros orígenes. Se me ha encomendado la tarea de dedicar un capítulo al agua de mar y creo ciertamente, que siempre hay un futuro potencial brillante donde esta información es útil para alguien que la necesite, así que ese será nuestro próximo tema.

Posteriormente, me dedicare a transcribir parte de la información que los seres andromedanos dieron a través de las sesiones de canalización, y además enseñanzas de otras civilizaciones que han querido traer luz y conocimiento a través del vehículo de Alaleia. Generalmente las sesiones están basadas en un tema particular y un tiempo de preguntas y respuestas lo cual reproduciré en la mayoría de los casos, excluyendo los temas personales de los participantes y con la convicción que traerán luz y conocimiento a quien lo recibe, además de acelerar el proceso de cambio a través de elevar la frecuencia.

EL AGUA DE MAR

Ir a la playa tiene un efecto impactante en nuestro bienestar y salud. Hace que nuestro cerebro literalmente cambie. Nos recarga de fuerza, nos da energía y calma nuestra mente agitada. Antiguamente los médicos tenían una receta mágica, y era viajar y pasar un tiempo cerca del mar, y es que se ha demostrado que la respuesta está en nuestro cerebro, pues la corteza prefrontal, la cual es un área asociada con la emoción y la auto reflexión, entre otras funciones, se activa cuando se escuchan los sonidos de las olas.

Un sonido que sigue un patrón de ondas predecibles, suave en volumen y en frecuencias armónicas a intervalos regulares, pueden llegar a disminuir la ansiedad y los niveles de cortisol, la hormona del estrés, que se genera en las grandes ciudades, en el tráfico o en nuestra rutina laboral o académica. A ello, hay que sumarle la calma que nos transmite la superficie del mar y su color azulado. El ser humano se siente tranquilo y admirado al observar extensiones infinitas, donde no se producen cambios visuales agresivos y donde su horizonte es total. Aunque también es cierto que muchos, ante esto mismo, sienten una verdadera inquietud y pánico. Esto último puede considerarse una alerta para ese sistema nervioso que observa, ya que denota un estado de ansiedad y miedo intrínseco que debe ser depurado.

El mar detiene la rumiación de nuestros pensamientos. Nos ayuda a romper con esos círculos viciosos de preocupaciones y pensamientos nocivos que nos persiguen en nuestro día a día. Los entornos naturales como el mar o los bosques han demostrado ser útiles para desconectarnos de esas obsesiones, pues nos liberan de nuestra vida cotidiana, ya que nada de lo que veamos, toquemos u oigamos en esos lugares nos conecta nuevamente con la rutina. Esto a su vez, nos ayuda a dormir mejor y hace que la sensación del tiempo sea más lenta, como si se hubiera detenido.

El aire del mar parece distinto. Posee una alta carga de humedad, arrastra una gran cantidad de micropartículas como el yodo, pero además está cargado de iones negativos. Estas partículas están repletas de energía y por el contrario a los iones positivos, estas tienen un gran beneficio para el organismo como por ejemplo su efecto relajante, además de favorecer la producción de serotonina con el consecuente sentimiento de bienestar. Se ha comprobado que, al estar ubicados a menos de 100 metros del mar, el aire posee en torno a 50.000 m3 de iones negativos, mientras que en las ciudades no supera los 500 m3.

A su vez, la presión atmosférica y la cantidad de oxígeno es máxima en zonas del litoral, lo que se traduce en una oxigenación más activa de nuestro cuerpo, haciendo que nuestro ritmo respiratorio y latidos cardiacos sean más suaves y pausados, provocando por consiguiente que nos transmita esa maravillosa sensación de calma.

El disfrute del mar es algo complejo, su efecto regenerador sobre los organismos se acompaña de una acción balsámica a nivel psicológico. Todo lo marino parece evocar en nosotros un recuerdo ancestral, una especie de nostalgia.

Existe una hermosa simbología donde el sol es el padre y da vida mediante su luz y calor, siendo el mar la madre, pues representa una gran matriz. De hecho, permanecemos varios meses en el vientre materno, flotando en el líquido amniótico y luego nacemos y amamos ser mecidos imitando un movimiento de vaivén parecido a ondulaciones marinas.

Para los biólogos, la vida surgió de las aguas marinas. Los océanos y mares cubren la mayoría de la superficie de la Tierra, y curiosamente la misma proporción representa el agua de nuestro cuerpo.

La composición del agua de mar es siempre la misma, solo la cantidad de sales disueltas varía en función del entorno y el clima, pero manteniendo el grado de salinidad que permite la vida de los seres que la albergan. Está constituida por 96.5 % de agua pura, que forma una solución de cloruro sódico, que le confiere su sabor salado y además contiene sulfato de magnesio que le da su toque amargo. Finalmente contiene la totalidad de los minerales y oligoelementos que componen la corteza terrestre y todos los elementos gaseosos de la atmosfera. Es importante destacar como la composición de nuestro medio interno celular se asemeja al agua de mar. Proporcionalmente, los componentes del mar y del plasma sanguíneo son muy parecidos.

El denominado "Plasma de Quinton…, en honor al científico francés que lo investigó, es un medicamento natural que consiste básicamente en agua de mar y que tiene un efecto reconstituyente sobre el organismo.

Rene Quinton, nació en 1866 en Francia, fue un naturalista, fisiólogo y biólogo que desarrollo este suero al cual dedico su nombre, pero este héroe permanece desconocido hasta hoy en día. A finales del siglo 19, tomo un interés particular en el ambiente marino y su investigación lo llevo a concluir que la ingesta de agua de mar podía ser beneficiosa para la salud del ser humano.

El encontró que el contenido de sal del mar ha variado durante miles de años, siendo de 7 gramos por litro en los inicios de los océanos y estando actualmente en 33 gramos por litro. Basándose en este análisis y en la observación de que la vida animal en un estado celular apareció en el fondo de los océanos, el propone que llevar al organismo a las concentraciones originales podría producir un proceso regenerativo en células dañadas.

Uno de sus múltiples experimentos fue el realizado en 1897 junto a su colega y mentor Étienne Jules Marey en un perro moribundo de 10 años llamado "Sodium…. Ellos reemplazaron una gran cantidad de sangre del animal por agua de mar isotónica, a temperatura ambiente, y contra todos los pronósticos, el animal sobrevivió y, además, gano una excepcional vitalidad.

En 1905, se inició la producción del suero en un laboratorio comercial bajo el nombre del plasma de Quinton. Actualmente se encuentra disponible en forma comercial y puede ser adquirido online.

Como Tomar El Agua De Mar

Siempre es aconsejable recoger el agua de mar en frascos bien limpios y preferiblemente proveniente de ambientes con menor tránsito de personas o animales. Cuando se introduzca el recipiente para la recolección, debería hacerse de la zona intermedia de la masa de agua, no en la superficie y no en el fondo marino, de esta manera tendremos un líquido más limpio y sin restos naturales. Así mismo, una vez en nuestros hogares se debe mantener si es posible refrigerada, esto alargara su estabilidad por hasta 3 semanas.

Agua de mar isotónica: es el agua de mar que tiene igual salinidad que nuestro cuerpo. Se prepara con tres partes de agua potable y una de agua de mar. Puede utilizarse como agua de beber, o añadida a los jugos naturales y a las infusiones.

Por ejemplo, para preparar un litro de solución de agua marina se mezcla 1 vaso de agua de mar con 3 vasos de agua filtrada regular. De esta forma tendremos aproximadamente 1 litro de solución y es aconsejable empezar tomando 1 vaso de esta solución marina por día. Luego de 3-4 días podemos ir incrementando la cantidad de la solución a dos vasos diarios para así favorecer la adaptación de nuestro cuerpo.

Agua de mar hipertónica: Se llama hipertónica al agua que tiene un nivel o "tono... de salinidad superior al nuestro. El agua de mar hipertónica corresponde al agua de mar pura, sin diluir. Se utiliza como regulador del tránsito intestinal, purgante y digestivo. Antes de las comidas, se la toma para reducir el hambre y la ansiedad. También se la puede emplear como dentífrico o como enjuagues en la cavidad bucal y para tratamientos tópicos en forma de baño o apósitos. En la cocina, sirve para salar los alimentos.

En nuestra Tierra hay lugares que se caracterizan por tener una energía particularmente alta, y uno de ellos es el mar. Los andromedanos explicaron que, al observar el mar y sus entornos, ya sea su vegetación o su fauna marina, debemos estar conscientes que todos somos como el mar, ya que internamente somos agua y nuestras moléculas resuenan igual, permitiéndonos el intercambio de información. El mar nos da la posibilidad de tener una mejoría en nuestras creencias personales, de lograr que estas sean más fluidas, bloqueando aquellas de no merecimiento, clarificando nuestros pensamientos basados en engramas pasados y haciendo una actualización positiva de nuestras emociones. Se disminuye la identificación con la persona o su ego, y luego surge el merecimiento como algo que siempre fue y estuvo para nosotros.

El fondo marino no está constituido nada mas de arena, tiene partículas o microcristales provenientes de mundos paralelos cósmicos y muchos seres de luz se plasman en estas moléculas para cambiar nuestra conciencia, este proceso pudiera parecer algo denso de realizar ya que hablamos de cristales, pero, por el contrario, es fluido como plasma. Allí se encuentra la versión más elevada de nosotros mismos, y finalmente podemos decir que lo más avanzado y en alta vibración ya está disponible en nuestro planeta para ser utilizada por nosotros ahora. Al estar frente al mar, tengamos clara la intención de pedir que esa versión nuestra del futuro, que vibra a mayor velocidad, produzca en nosotros emociones más elevadas y automáticamente cambiará nuestra perspectiva ante cualquier inconveniente o angustia que estemos experimentando en nuestro presente, todo perderá importancia rápidamente y será visto con nuevos ojos y sentido muy diferente, no nos afectara de la misma forma, ya que será nuestro Yo más avanzado quien lo procesara y ellos lo definieron como "Upgrade de emociones". (Enseñanza andromedana).

El mar está aquí para nosotros de muchas maneras.!

CONSEJO DE ORION

HACE UNOS DÍAS, DURANTE NUESTRO DESAYUNO CON LOS SERES DE Andrómeda, tuvimos la sorprendente visita de otra civilización la cual se acercó con hermosos mensajes y respetuosamente se presentaron como el Consejo de Orión, el cual estaba formado por 8 o 9 seres en ese momento y algunos de ellos con diferentes orígenes cósmicos. Ellos comentaron que, a diferencia de los andromedanos, los cuales han establecido con nosotros una relación muy familiar y amistosa, ellos por el contrario podrían tener un contacto más del tipo laboral o de contrato y es importante que lo sepamos manejar(y ellos se ríen por estas palabras tan humanas).Ellos se relacionan con los elementos de la naturaleza como viento, fuego, agua y tierra y además, son los maestros del aprendizaje, son apasionados por los procesos investigativos que develan información importante que ayude a impulsar el avance evolutivo.

Me hicieron un ofrecimiento que considere más que un honor, y este era una encomienda que debía llevar a cabo, la cual me permitiría formar parte de su consejo. Debería realizar una investigación sobre un lugar específico de nuestro planeta, y como este había cambiado evolutivamente en el tiempo, ya que esto traería a la luz datos útiles para cualquier persona en proceso de cambio e impulsaría a una mayor expansión.

Los llamados contratos del Consejo de Orión son de mucha libertad, están regidos por el libre albedrio, tenemos el derecho de rechazar la encomienda, o a suspenderlo temporalmente si fuera necesario, solamente se dan si existe una resonancia en común o un interés profundo compartido por ellos y la persona contactada. En estos momentos estoy convencida que mi propósito siempre fue llevar información a otros seres para su crecimiento y expansión de la forma más legítima y clara posible, mi vida ha transcurrido entre libros e investigación para entender mejor quienes somos realmente y porque estamos aquí.

Ellos sugirieron una fecha para la reunión o inicio de nuestro proyecto, la cual llamaron "Iniciación…. Para ese día deberíamos escoger un lugar de alta frecuencia y llevar un collar o amuleto, el cual sería activado por ellos para facilitar la apertura del portal cuando yo realizara trabajos relacionados a la investigación en el futuro.

Antes de iniciar con la compilación de innumerables sesiones de canalización, les comparto la experiencia vivida con los seres del Consejo de Orión, y para los que no están muy familiarizados con ellos, se refiere a un grupo de seres anfibios benevolentes originarios de Betelgeuse, Orión, los cuales están muy enfocados en el proceso de ascensión planetario junto con la Confederación de Planetas.

INICIACIÓN

Buenas tardes somos los andromedanos y estamos con ustedes. Gracias por escoger este hermoso lugar del Parque Nacional Everglades, la historia de este sitio es muy especial. Hay una enorme frecuencia evolutiva, es una mezcla de mucha historia, pero también mucho futuro. Todo lo que los rodea, la información, la fauna, la flora, lo que ustedes definen como el hábitat, tiene la predisposición de avanzar también como ambiente evolucionado.

Para comenzar la iniciación abrimos el portal con música y los números 222.

Decimos que nosotros somos ustedes en otro tiempo y espacio, el nombre de nuestra galaxia proviene de nuestra historia, de todo lo vivido, en este tiempo actual nos seguimos llamando igual, ya que queremos traer el avance a la tierra y es un gran apoyo que otra civilización los lleve de la mano. Lo que vamos a hacer hoy aquí, es una especie de ritual que se ha venido preparando hace ya varias semanas. Vamos a traer las conciencias cósmicas de Orión a este espacio. Enviamos una lluvia de frecuencia positiva, y abrimos vuestro canal. Se expande a vuestro alrededor y se contrae.

Los seres de Orión también tienen su propio albedrio y esperamos que deseen entrar. Ellos están aquí ¡

Consejo de Orión: "Soy un comandante del Consejo de Orión y vengo desde la constelación de Alfa Centauro, lo que estamos por decir es importante que se entienda.

La tierra está pasando por diferentes facetas y hay emociones que deben depurarse, se está trabajando con la energía de la rabia reprimida, la cual está ahora muy fuerte y activa. Necesitamos que ustedes como mujeres puedan traer un poco de balance. Desde Alfa Centauro nos conectamos también y tocamos en ti (mi persona) la sabiduría, una de nuestras armas favoritas para cambiar la realidad. Lo importante es que se comparta la sabiduría estratégicamente, es decir, cuando haya receptividad en las personas que escuchan, para que, de esta manera, no se pierda la energía. Una de las primeras informaciones que nos gustaría que empezaras a compartir es sobre civilizaciones pasadas y como hicieron para avanzar en el tiempo y lugares energéticos de poder sobre el planeta.

Por ejemplo, Egipto, Roma, Everglades, Amazonas, es decir lugares de transformación y como lo lograron. Deseamos que las enseñanzas sean compartidas de alguna forma para que esto pueda permear a vuestra realidad y que se tome conciencia de que sucede en la tierra actualmente. Lo que más nos interesa, es que se investigue sobre sitios de mucha belleza y que se pueda entender como era en un tiempo remoto y como ha cambiado en forma positiva, el cambio debe ser analizado a todo nivel, evolutivo, cósmico y científico. Sugerimos empezar por Egipto, ya que se puede entrelazar la historia física y la historia cósmica de ese esplendido lugar.

No daremos un tiempo límite de entrega de este primer trabajo y te aseguramos que traerá mucha luz y expansión personal y colectiva.

El hecho que te enfoques en áreas con procesos de transformación abrirá la posibilidad en ti de observar tu propio proceso evolutivo y también verás como aplica a vuestra tierra actual en el proceso de cambio y las personas que estén en transformación y lean esta información, verán que están transitando por el mismo proceso.

¡Tarea asignada! Así es como empiezas el contrato con nosotros, Egipto y el Nilo.

Estaremos esperando tu trabajo y nos gustaría que nos menciones de esta forma:

"Esta investigación fue realiza junto a Consejo de Orión al servicio de la humanidad ·...

Estarás en fase activa y realizando otros proyectos los cuales en común acuerdo pueden avanzar o suspenderse según tus requerimientos. Sentirás en tu corazón el impulso de iniciar nuevas tareas a medida que vayan apareciendo.

Seguidamente procedemos a activar el collar de trabajo con números maestros. Nos colocamos en forma hexagonal en diferentes puntos alrededor de ustedes (Yo y Alaleia), que el Dios del aire, Dios de la tierra, Dios del fuego y Dios del agua nos acompañen y que como una pluma activen el portal y será con frecuencia y lenguaje de luz. Así se da iniciación a Laura en este espacio tiempo junto con el Consejo de Orión. ¡Bienvenida!

Hacemos una reverencia, saludamos con nuestro tercer ojo y nos alejamos con el viento….

Me gustaría describir esta fascinante experiencia con la mayor elocuencia posible, pero estoy segura de que no existen suficientes palabras para expresar la emoción y el sentimiento de pertenencia universal que me inundó. No puedo más que sentir un inmenso agradecimiento a Omtrust el comunicador, a los andromedanos y a mi hija, por hacer posible la apertura de este canal tan puro dedicado a la evolución de la conciencia en nuestro planeta.

Como mensaje personal quisiera transmitirles principalmente que no estamos nunca solos, que somos guiados desde el primer día en esta tierra, que somos capaces de lograr un mundo mejor a través de nuestra expansión personal de conciencia y siempre tomados de la mano de nuestros hermanos mayores, los cuales confían y creen en nosotros, solo basta abrir el corazón a nuestro propósito divino y todo fluirá con gracia y facilidad.

¡Definitivamente es un inmenso privilegio transitar la experiencia en estos momentos!

LOS PORTALES

Canalización Julio, 2021

Bienvenidos todos, somos los Andromedanos. Como siempre queremos traer información importante para todos los que participan y los que en el futuro escucharan la canalización. Como siempre nos agrada traer enseñanzas profundas y elevar la frecuencia, por eso siempre pedimos que apaguen los celulares y así evitar la electromagnética, de esta forma vuestros cerebros saldrán rejuvenecidos y con sensación de bienestar.

Omtrust hablándoles en esta hermosa noche y se unen a nosotros en esta transmisión Las Pléyades y El Consejo de Orión. Desde el cosmos los saludamos, estamos viajando en espacios infinitos muy lejanos. Las cosas en la Tierra están mejorando mucho, habrá cambios políticos positivos en varios países sobre todo en Colombia y Latinoamérica. La Tierra aumentará su frecuencia en forma armónica y a paso firme, con saltos cuánticos asimilables por los cuerpos, lo cual desencadenará cambios fuertes electromagnéticos y habrá muchos avistamientos de naves.

Pregunta: ¿Qué cambios posibles se ven en el futuro de países como Venezuela?

Respuesta: Hay muchas personas en ese país con propósitos a nivel del alma muy fuertes, muchas se sienten prisioneras en un país que los hace sentir encarcelados y sin escape, además sin ayuda y esperanza. Cuando esto sucede existe un gran propósito, como no pueden mirar hacia afuera, todo se vuelca en mirar hacia adentro. Esta mirada interna no es nada fácil porque además el cuerpo físico sufre, hay mucha pobreza y problemas que superar. Estos cuerpos no están allí por nada, muchos traen un bagaje karmático que deben trabajar, y cuando lo hacen, se abren mundos dimensionales de mucha abundancia y salud para ellos, además el país fluye en prosperidad. En estos momentos en ese país esos portales multidimensionales están muy permeables y son fáciles de acceder. Mientras más almas lo hagan, un panorama más brillante para ese país será cada vez más posible. Ese país se convertirá en un lugar de crecimiento, abundancia y sin tantas mentiras.

Pregunta: ¿Qué nos pueden decir del tan nombrado portal del 8 de agosto?

Respuesta: Ese portal es un hecho, muy abierto y beneficioso para que ustedes se conecten y creen futuros brillantes, aunque queremos decirles que nosotros somos un gran portal para ustedes en este momento, somos accesibles a ustedes, los escuchamos y apoyamos con eficacia y rapidez. Se acerca la galaxia de Andrómeda a vuestro sistema solar en ruta de colisión, con esto no me refiero a un choque físico sino electromagnético donde las galaxias se juntan con sus potenciales futuros infinitos lo cual nos obliga a hacer cambios de rumbo para balancear la energía. Ahora ustedes dispondrán de nuestra ayuda en forma mucho más cercana, es como hacer una video llamada, donde dejamos pasar varias de nuestras naves y entidades para aportar a vuestra civilización mucha más orientación y guía. Estamos aquí como una forma de apoyo, ustedes deben crear sus propias galaxias, con sus propias frecuencias y decisiones, todo es parte de ustedes, por esta razón estamos aquí con Alaleia y pensamos que es una forma muy efectiva para darles guía y consejos para el cambio. De esta manera ustedes evolucionaran mucho más rápido por estar en contacto con nosotros.

Pregunta: ¿Como podemos acceder a ese portal que es Omtrust para nosotros, cuando no estamos en presencia del canal de Alaleia?

Respuesta: cada persona que pasa por nuestra conciencia a través de su vehículo durante los momentos de canalización, la reconocemos, nos retroalimentamos de ella, y se puede decir que nos volvemos amigos y nos entrelazamos fuertemente, te rescato, te ayudo, o te empujo si necesitas. Así el contacto se vuelve fácil, con lazos energéticos y cada vez que quieras puedes contactarnos con tu intención, sentirás un impulso o sensación visceral como respuesta y confirmación que estamos contigo escuchándote. Las respuestas vendrán intuitivamente. Se abre un camino mucho más fácil y rápido.

Pregunta: ¿Como aprender a utilizar tecnologías andromedanas en terapias de sanación o compartirlas en talleres?

Respuesta: Para nosotros es de vital importancia la integridad y honestidad, la información debe estar intacta, pura y sin ningún rastro de alteración, siempre estaremos tranquilos si contactan a nuestro canal para clarificar la información antes de impartir alguna enseñanza. La tecnología andromedana no es fácil de asimilar y para poder usarla debe haber un cambio psíquico completo, una vez que está en tu cuerpo todo fluye. Antes de iniciar cualquier taller o terapia, debe haber un profundo contacto con nosotros. También nos gustan los trabajos con los cristales con los cuales resonamos bastante.

Mensaje de Omtrust:

Ahora estamos enviándoles al grupo energía desde nuestra nave, los envolvemos, los balanceamos y si sienten alguna energía fuerte comuníquenlo. Yo me expreso en toda mi forma, les doy mi toque energético y los acobijo, es importante que entiendan que no existen los límites, estos han sido impuestos, viajamos entre tiempos, estoy en un cuerpo que no es el mío, pero con el comparto mi energía con ustedes. Los proyectos del alma son los principales propósitos para encarnar, cuando hay un proyecto en la mesa es importante que entiendan cual es, aunque sea parcialmente para que puedan ejecutarlo paulatinamente. El alma tiene una frecuencia que habita en ustedes muy profundamente y tiene todas las respuestas a todos los problemas, en todos los momentos y nunca están solos. Nosotros somos ahora parte del alma de mi vehículo, estamos todos unidos, pero ustedes pueden hacer lo mismo, ustedes están en otros mundos paralelos elevados y ellos quieren contarse con ustedes para darles información. Todos somos multidimensionales y lo que debemos hacer es aumentar la velocidad, así el cuerpo no le queda más remedio que cambiar, volverse más sutil y obtendrá todas las respuestas.

Los Principios de Luz indican que para cada cuerpo y cada alma hay un tipo de velocidad de cambio, esta indica que tan rápido se va a evolucionar y es específico para cada uno. A medida que la experiencia humana progresa cronológicamente en el planeta, la velocidad se modifica y la persona es capaz de hacer el cambio, sepan que solo con estar aquí sucede, yo también puedo hacerlo por ustedes si me lo piden y luego pueden continuar por si solos. Esto sucede por el nivel de conciencia, por la calidad de los pensamientos, la calidad de las emociones, por la forma de tratarse a sí mismos y a otros, es una frecuencia que cambia automáticamente y sucede también al entrar en contacto con nuestro canal. Esto lo pueden notar al salir de este recinto e irse a sus casas con una sensación mucho más elevada, pacífica y benevolente.

Pregunta: ¿Que beneficio trae a nuestro planeta que cambiemos nuestra velocidad?

Respuesta: La velocidad es alta frecuencia, es como vibran tus átomos, es una ecuación. Cuando tu cambias, cambia todo a tu alrededor, a medida que esto sucede la realidad te sigue los pasos, un cuerpo en alta frecuencia no puede atraer algo en baja vibración. Si por ejemplo no crees que unos seres de Andrómeda te están hablando en estos momentos, tu frecuencia disminuye, pero si, por el contrario, aunque sea subconscientemente crees que existen otras civilizaciones y entiendes que estas recibiendo mensajes desde otros tiempos y espacios, aun sin vernos, tu frecuencia sube muy rápido. Ustedes están aquí para cambiar la realidad de vuestro planeta.

Nuestra civilización se destaca por haber aprendido enormemente luego de haber pasado por innumerables percances, pero también por muchas victorias y nos regocijamos en ellas. Un logro importante es EL PRINCIPIO DE VELOCIDAD, en este somos especialistas y queremos trasmitir esta enseñanza. Mientras más rápido resuenas, tu conciencia avanza aún más y los que están a tu alrededor cambian más rápido, es lo que llamamos "efecto dominó". Alguien que participe en nuestras trasmisiones, nunca será como antes de venir, aunque no comparta profundamente nuestros mensajes, ellos entenderán que pueden existir otras cosas y sus mentes y corazones se abrirán al cambio.

El Alma son ustedes mismos, es la frecuencia inicial antes de encarnar y los guía todo el tiempo. Pueden acceder a ella desde el silencio, por eso la realidad siempre los quiere poner en movimiento, pero no puede con ella. Es aconsejable tener momentos de silencio y acceder a esta frecuencia del alma donde solo existe dicha y gloria, ella los llevara a vuestros potenciales futuros más elevados para crear la realidad con vosotros, pero cuando no acceden a las altas frecuencias la realidad toma el mando. Esto no es que sea muy malo, sino es cómo funciona la codificación en la matriz, pero si ustedes toman el poder junto a su alma para hacer las elecciones, entonces la realidad se subordina y los sigue.

Solo queremos que entiendan que cuando acceden a estas frecuencias del alma, el ego no existe y lo único que queda es la razón del Ser que es el servir en su propia esencia, no existen los títulos como padre, madre, hijo, esposo, etc., ni los programas relacionados, solo el Ser puro, y en ese Ser esta lo que el alma verdaderamente quiere, es mejor dejar que el proyecto del alma sea el que los guie, ya que conoce los porque y para que de vuestra encarnación.

Es importante que lo puedan creer y acceder porque es un portal directo hacia los futuros potenciales más brillantes.

Pregunta: ¿Cómo se siente estar en la frecuencia del alma?

Respuesta: Se siente fluido, sin espacio, no existe la duda, hay solo certeza y amor puro. Inclusive puede ser solo un segundo y ya se vuelve exponencial y cada vez más fácil de acceder, es la frecuencia más alta a la que pueden llegar los vehículos.

Esperamos que el día de hoy quede marcado en vuestros vehículos y puedan llevar esta frecuencia a todos los lugares donde vayan.

¡Los amamos profundamente!

Pregunta: ¿Cómo describen vuestra alma siendo ustedes de una civilización tan avanzada espiritualmente?

Respuesta: Nuestra alma es igual a la vuestra, solo que está en alta velocidad todo el tiempo, en nuestro caso, no existe una separación tan marcada entre ella y nuestro cuerpo, se podría decir que somos uno con el alma por esto no tardamos tanto en recibir los mensajes. Podéis conectaros mejor con vuestra alma dependiendo de la velocidad actual de vuestros cuerpos, buscando un espacio más neutro y en silencio, recibirás así las respuestas en forma intuitiva, además al estar en grupos hablando de estos temas elevados, naturalmente el alma resuena con lo que es cierto, siempre que nos desapegamos de lo externo, lo que vemos afuera, nuestro cuerpo aumenta la velocidad, la cual no solo incrementa energéticamente sino también en forma física, es decir el vehículo se vuelve más sutil y la realidad presente se vuelve menos densa. Cuando nuestra conexión mutua es fuerte, en la realidad presente se eliminan las divisiones entre las diversas realidades paralelas y sus dobles, solo se conectan con el doble del futuro más brillante, así todo lo que está aquí debe asemejarse a ustedes mismos que están en esa realidad de una frecuencia más elevada en ese otro mundo. Así que pueden ser en esta realidad, la versión más elevada de ustedes mismos existente en otro mundo paralelo.

Queremos que sea automático y de fácil acceso para ustedes, esa es nuestra misión. Por ejemplo, cuando se vuelven conscientes de que tienen pensamientos de dudas, o preocupación, estos tienen frecuencia media y se conectan con realidades paralelas de la misma resonancia, pero cuando están de buen humor, entran a sus pensamientos más sutiles y así acceden a un mundo de más velocidad y el cuerpo se acostumbra a estar allí en esa frecuencia elevada.

Pregunta: ¿Podrías darnos una técnica que nos ayude a desconectarnos de situaciones de baja frecuencia en las cuales podríamos quedar envueltos?

Respuesta: Los entendemos, para aquellos que poseen una electromagnética de alta frecuencia, donde los estados comunes son de dicha, gloria o gratitud, los problemas los afectan más drásticamente. Para los vehículos sensibles y que además están en una frecuencia alta, una discusión afecta mucho más, ya que el rango de disminución de la vibración es más grande. Hay un principio que puede ayudarlos, cuando se vean envueltos en discusiones de familia, laboral o de cualquier índole, deben entender que son la esfera que va a ayudar a todos a balancearse, no le pongan títulos a las personas que participan, solo con estar presentes allí en ese momento, van a ayudar. Ustedes son como faros y la sola presencia neutralizará las cargas pesadas. Repetid, "Yo soy equilibrio" y veréis como todo se resolverá en calma y armonía. Los otros cuerpos en discusión sentirán la frecuencia de la calma y querrán volver allí a ese estado natural de paz.

Nos despedimos por ahora, diciéndoles que "Sois profundamente amados".

REALIDADES PARALELAS

Canalización Noviembre, 2021

Andrómeda está aquí para ustedes. Esperamos poderlos guiar bien en el día de hoy. Tenemos los Arcturianos, el Consejo de Orión y a la civilización de Sirio uniéndose a nuestra charla. Hablaremos como la Tierra tiene ahora potenciales futuros o mundos paralelos disponibles y queremos enseñarles como acceder a ellos y además que sean capaces de amplificarlos entre ustedes y a las personas que los rodean. ¿Pongamos un ejemplo mundano o terrenal…una persona desea un auto nuevo, esta idea le da una especial alegría o emoción, pero si al mismo tiempo piensa…que podría hacer esto aún más emocionante para mí? Esta emoción extra, es la información que trae los futuros paralelos que aún no están disponibles en tu merkaba y así se acercan amplificados. La psique y el cuerpo se acostumbran a recibir siempre lo mismo y deben modificarse para tener acceso a un piso más alto y el cuerpo lo hace automáticamente, sabe que tiene que cambiar creencias y traumas del pasado.

Tratamos de que entiendan el concepto base. Referente a este aspecto multidimensional que todos poseen, la tierra está ofreciendo espacios para que puedan usarlos más fácilmente. Si ustedes se enfocaran cada día en este particular aspecto y en vuestro origen cósmico, si se olvidaran de esas creencias terrenales que los encasillan y encierran en títulos y roles, todo sería muy diferente en vuestra experiencia, entrarían en mundos paralelos donde las creencias de la edad, del tiempo y el espacio desaparecen y esto es como una matriz donde todo esta entrelazado.

Existe un aspecto multidimensional que rodea toda la capa energética de la Tierra, esta capa está muy sutil en estos tiempos y les permite a ustedes acceder a pensamientos de este estilo también, a diferencia de los pensamientos densos que son cada vez más indetectables por nosotros ya que la tierra por su frecuencia, no nos los muestra. Esto quiere decir que ella se está dividiendo en múltiples realidades con diferentes escalas de densidades o en varias versiones de ella misma, podemos decir que hace un tiempo coexistían alrededor de dos versiones, la elevada y la densa, hoy en día tenemos alrededor de 10 versiones, la más cercana a nuestra dimensión y otras de menor vibración, hasta la más densa, entonces deberían poder descifrar donde están parados y querer acceder a una versión de ustedes mismos con mejor calibre, menos denso y casi siempre los deseos son reflejo de los pisos o de las nuevas realidades que quieres alcanzar. No es solo tener el deseo sino entender en que piso energético está ubicado, puede suceder que vuestra psique se ha familiarizado con estar entre los pisos del 0 al 5 y ustedes piensan que está bien, pero vuestro deseo pertenece al piso 7, de esta forma es obvio que no llegara.

Los deseos son indicadores de la realidad a la que se está accediendo. El hecho de que nosotros estemos aquí con ustedes es porque existe el piso o realidad del amor, en esta realidad donde el amor y la dicha son inmensos existen múltiples proyectos donde expandirse y nosotros estamos en varios pisos de este tipo. Cada uno posee muchas opciones y hay libertad de escoger.

A través del sueño se puede acceder a estas realidades paralelas, pero más a través del subconsciente, en consecuencia, pueden alcanzar pisos más altos reprogramándose hacia ellos. Las realidades paralelas siempre están presentes a cada momento y el aspecto negativo de no recordar de dónde vienen y su origen cósmico es también un piso, pero cuando acceden a algo que los hace recordar que estaban en un lugar de mucha luz antes de encarnar, están accediendo a nosotros.

Si desean cambiar la frecuencia, digamos que ahora están en 400 y dicen:" ya no deseo estar más aquí porque estoy aburrido o desmotivado", quizás esto no cambie de un día para otro, pero pueden hacer algunas cosas que los eleven por lo menos a 600 y así cada vez estarán más familiarizados con este nuevo piso y no podrán tolerar más estar en el de 400. Otro ejemplo: si tienen un amigo o familiar toxico, el cual los mantiene en una frecuencia de 200, y un día van al parque o la playa, experimentan como se siente estar en 400, después cuando regresan y se enfrentan de nuevo a la frecuencia 200, la tolerancia les muestra que ya no es posible estar allí. Luego de esto pueden descifrar que creencia los mantiene en contacto con esa persona que no los deja avanzar y así pasaran inmediatamente a frecuencias o pisos más altos, pero hay que identificar lo que llamamos roca o engrama, siendo ese el programa o lastre que no les permite subir a pisos más altos.

Hay varios tipos de contratos que forman un engrama y que pueden estar activos en ustedes actualmente. Estos engramas pueden tener su origen en la actual encarnación o pueden haberse formado con seres en vidas anteriores, estos últimos son más difíciles de cancelar. Por ejemplo, nosotros a su vez, tenemos contratos con todas las personas presentes con las cuales hemos contactado y traído nuestras enseñanzas, esto fue decidido desde antes que ellas encarnaran donde juntos decidimos que nosotros les transmitiríamos una información útil y expansiva y ellas estarían dispuestas a recibirla. Estos acuerdos son más difíciles de cortar ya que no estamos físicamente con ustedes y debemos encontrarnos a través de frecuencias similares para poder cancelarlo. Los contratos se cancelan a través de palabras expresando que esto ya no resuena con ustedes y así se tiene la libertad de cortarlo. Si no lo hacéis, ambas partes frecuentemente volverán a él ya que es frecuencial y se repetirá el patrón para que podáis observarlo.

Nosotros estamos ahora en contrato con nuestro vehículo y lo disfrutamos mucho, no todos son negativos. Nosotros como civilización nos tomó tiempo aprender cómo funcionan. Al principio los veíamos como una relación o como un compartir tiempo juntos, pero luego los vimos con amor hacia los cuerpos físicos, pero no estaba la frecuencia ni la esencia real. Entendimos que todo el tiempo se puede disfrutar, emanar y atraer con contratos buenos y benevolentes. Por ejemplo, los arcturianos y los pleyadianos, ven el cuerpo aun como algo muy importante, sustentan que la evolución en grupo es mejor, pero para nosotros no es así, creemos en la individualidad para esto. Nos gustaría romper los esquemas de principios muy viejos en la tierra, por ejemplo, la mujer puede llegar a cierto coeficiente de inteligencia, o la mujer siempre se trata de determinada forma, esto no resuena con nosotros ya que creemos que los cuerpos femeninos o masculinos no tienen importancia, es solo la frecuencia que emana la que realmente importa y que los llevara hacia el futuro más brillante.

Pregunta: ¿En qué forma están disponibles los potenciales en la Tierra y como activarlos en nosotros?

Respuesta: La Tierra está pasando por cambios profundos, como en la morfogenética, con varias versiones de ella misma disponibles, ella esta multifacética. Si logran entender que no están solos y que son multidimensionales, ustedes romperán los esquemas y tomarán una realidad disponible muy alta. La naturaleza, el clima, el cielo, las amistades sinceras los pueden volver aún más sutiles con un sistema nervioso más tranquilo que los impulsara a una nueva tierra con más luz y paz. Es importante que sepan que ya no hay solo dos versiones de la tierra, sino varias de ellas, agrupándose las realidades más altas o sutiles en un grupo, y otro grupo con las más densas.

Pregunta: ¿Según vuestra perspectiva andromedana, en que realidad o piso se puede ubicar en general a la humanidad en estos momentos?

Respuesta: La humanidad en el tema de la frecuencia es muy variada, hay países que se encuentran en un porcentaje 50/50 entre sutilidad y densidad, como es el caso de los Estados Unidos, hay otros donde se inclinan ya más a hacia lo más sutil y luego hay otros que aún están en moderada densidad, pero actualmente ya casi no existen países en una alta densidad en su totalidad. El efecto domino hace que los lugares más altos eleven a los más densos, aunque el proceso lo consideramos un poco lento, quisiéramos que se acelerara lo máximo posible. Si ustedes consultaran con su Ser superior sobre qué hacer para mejorar vuestra frecuencia, él siempre os daría la mejor respuesta. El esta con vosotros todo el tiempo y conoce vuestra perspectiva y junto con ustedes sois los dueños de la experiencia. Las respuestas a veces son muy sutiles, deben confiar en su mensaje, ya que te sacara de tu realidad actual y te colocara en la de él (más sutil o elevada). Siempre los mensajes llegan por la noche, pero al ser de muy alto calibre, las respuestas no son integradas fácilmente la mayoría de las veces.

Todos los mensajes están dentro de ustedes, allí están todas las respuestas, son como pisos y pueden acceder a los más altos. A través de la meditación se pueden recibir los mensajes más elevados, los cuales han sido entregados por el Ser superior en la noche anterior. El cerebro se puede acostumbrar a acceder a pisos elevados y modificar los patrones de pensamientos más densos.

Quisiéramos poner un ejemplo para ayudar un poco más a entender este concepto: …pensemos que debemos hacer un café para luego irnos al trabajo y esto nos vuelve irritables, podemos modificar este pensamiento de fastidio si entonces pensamos en un momento agradable de algún viaje, y sobreponemos esa energía sobre el pensamiento de stress, así este pensamiento de mayor frecuencia se sobrepondrá sobre el anterior, y cada vez que aparezca el pensamiento irritante, el pensamiento benevolente del viaje, automáticamente cambiara la frecuencia ya que se creara un engrama combinando las dos frecuencias. Tú cerebro y cuerpo físico se vuelven luz, así conectas con otro mundo paralelo.

Pregunta: ¿Cómo saber si estamos conectando con un piso o mundo paralelo alto en frecuencia?

Respuesta: Andrómeda no cree en el piso más alto, es lo que percibes a cada segundo, por ejemplo, si percibes el cuarto piso, sé que puedo llegar al siete, y desde allí se puede llegar al doce, es algo infinito.

Hay algo muy importante que nos ayudó como civilización a aumentar nuestro conocimiento, y esto fue el entendimiento profundo sobre los portales de la Luna y el Sol, ya que ellos no existen allí solo para ser vistos y admirados, ellos tienen una textura, una densidad y un movimiento especifico que balancea el planeta Tierra, en realidad son portales. La Luna tiene que ver con la parte emocional, ustedes pueden acceder a ese portal energético y proyectarse hacia lugares con otras lunas también conectadas con sus propios mundos paralelos, todo esta entrelazado. Así mismo, Andrómeda tiene un espacio donde su luna es conocida con el nombre de ALSTEIA, en realidad está conectada con un mundo paralelo parecido a la Tierra, por lo cual no es tan visitado a menos que sean misioneros, se trata de una luna evolutiva y se trata con mucho respeto, el peso que carga ahora es para sustentar la carga de un planeta cambiante evolutivamente, no es un lugar para visitar, no veréis naves sobrevolando allí, pero si es un lugar para venerar por albergar la sabiduría para vuestro cambio.

Pregunta: ¿Que significa tener intuiciones, visiones o sueños con triángulos?

Respuesta: Lo que ustedes llaman sueños, visiones o imaginaciones son siempre una realidad, ya que son ustedes mismos expresándose de una forma más sutil. No dejen de soñar ya que es un proceso sumamente sutil, los triángulos, son una de las simbología preferidas primeramente por los andromedanos y luego por los sirios.

Probablemente los sirios usan los triángulos para inducir o transmitir algunas ideas de proyectos o para realizar procesos de sanación, ellos los utilizan frecuentemente.

Pregunta: ¿Podrían comentar sobre un pacto sirio\pleiadiano que se estableció en la antigüedad para dirigir la construcción de las pirámides como templos y el cual se reactivó en 1972 bajo la Pirámide de Giza?

Respuesta: Eso fue un pacto a nivel cósmico, y otras civilizaciones también estuvieron observando con el propósito de evolución y aprendizaje, vemos que, por ejemplo, la civilización arcturiana estuvo presente en aquel momento de expansión. Las pirámides son multidimensionales y cambiantes, cada parte de su estructura, como están dispuestas sus capas y las paredes, reflejan la energía de las civilizaciones que han contactado con ellas. Entonces puede suceder que las diferentes civilizaciones se hayan acercado a ellas, hayan establecido su energía allí un tiempo, luego se van y llegan otras. Las pirámides son neutras y casi todas las civilizaciones que conocemos como los sirios, pleyadianos, arcturianos, orión, lira, andromedanos y otros, han pasado por ellas como centro de unión y las han modificado. Ahora es necesario una civilización mucho más avanzada que las modifique ya que debido al turismo de la zona, hay un gran volumen de energías densas. Ahora no están allá los princesas o faraones, ni un pueblo respetuoso de ellos rindiendo su tributo, obviamente esa energía era mucho más sutil que en esta época. Sin embargo, sigue siendo un punto altamente energético y siempre nuestras naves están allí bilocadas compartiendo el lugar con otras civilizaciones.

Nosotros los andromedanos somos la civilización que está a cargo ahora de una de las pirámides, significando esto que estamos permeando la estructura con nuestra energía, lo cual llevara a un cambio en la zona y de nuevo se incrementara el interés de los humanos por las ellas. La morfogenética de las pirámides se cambiará y hará un impacto mayor y más sagrado sobre las personas. Para esta modificación, estamos esperando la aprobación de la madre Tierra y sus direcciones sobre los siguientes pasos a tomar, esto dependerá de cómo respondan todos los humanos y su progreso evolutivo. Las pirámides serán vistas de nuevo en su glorioso esplendor y como portal sagrado de conexión donde las personas puedan ir hasta ellas para modificarse y avanzar.

Para cerrar esta canalización dejaremos algunos mensajes generales. Todo lo que ustedes perciben con su psique es cambiante, nada es estático, se cambia con vuestros pensamientos, vuestros deseos, busquen espacios donde puedan divertirse y dejar fluir las energías de stress hacia afuera. No hay nada más importante que tomar conciencia de como reaccionamos a nuestra realidad, cuando la vemos desde un punto de vista más sutil, la realidad debe seguirte y todo cambia a tu favor. Solo el deseo empieza a cambiar la emoción y todo se pone en movimiento, sois el centro del Universo.

Siempre enfóquense en lo positivo de las experiencias y no en lo negativo, esto hará que lo benevolente se incremente y al final desplace lo denso. Con el tercer ojo podéis buscar respuestas en los futuros más brillantes y es importante que descansen lo suficiente para que recibáis las mejores mensajes y soluciones, las cuales están todas dentro de vosotros.

Este mensaje es específicamente para los canalizadores, porque queremos que comprendan que no deben compararse nunca con otros, ya que cada persona tiene su propio proceso. Generalmente los procesos de canalización empiezan muy sutilmente, en tonos muy bajos y mientras más confíen, crean en la experiencia y se enfoquen, este proceso se expandirá e incrementara, mientras más relajados y tranquilos estén, el resultado será cada vez mejor. Espero esto los pueda guiar y ayudar.

Vuestra experiencia no está determinada por vuestras finanzas, vuestra salud o por el mundo exterior, esta solo determinada por vuestra Esencia, ella está conectada con los múltiples mundos paralelos más brillantes disponibles en la Tierra ahora, vuestra vida puede estar llena de luz y acceder a los pisos más altos y seguir avanzando. Los pisos elevados son inexplicables, son muy emocionantes e ilimitados. Lo ideal es tratar de pasar de los más bajos a los elevados con la mayor rapidez posible. Lo importante es que puedan percibir lo más sutil a pesar de los inconvenientes o rocas en el camino de la experiencia humana, para todos es igual, inclusive para nosotros, también tenemos rocas en el camino, ya que estamos muy lejanos y debemos bajar significativamente nuestra frecuencia para lograr llegar aquí y hablar con ustedes a través de nuestro vehículo, ¡pero somos misioneros y no nos enfocamos en el problema sino en la expansión y esto nos da mucha dicha!

MENSAJE A LOS PADRES

Canalizacion Febrero 2022.

Los andromedanos los saludamos y los extrañamos desde nuestra última canalización. Para nosotros es importante que entiendan que funcionamos en sus interiores y la energía se siente literalmente como si hablaran con un hermano, nos posicionamos en cada vehículo o cuerpo de los participantes. Es importante que ustedes carguen menos peso y queremos comenzar con un proceso donde podemos dar la atención completa a cada uno de los participantes y darles soluciones avanzadas que los dejen más ligeros, esto permitirá que luego ustedes puedan compartir esa ligereza, sus dones y regalos con toda la Tierra.

Para aquellos que tienen hijos, seguramente sienten mucha preocupación por sus porvenires y los inconvenientes que podrían sortear en su vida, pero les decimos hay que soltar esos pensamientos de ansiedad y confiar que ellos son vuestros maestros, no necesitan tantos cuidados y son más avanzados. Son almas encarnadas ahora que traen una inmensa información y desean transmitir las enseñanzas desde su experiencia humana, así que tienen sus propios caminos que no siempre los involucra a ustedes como padres, deben dejarlos fluir.

Cuando vuestros cuerpos físicos no se sienten muy bien, ya sea con malestar o mucha preocupación, es porque estáis pasando por cambios en el cuerpo astral, este te traerá el bienestar. Si estáis con mucho peso emocional, el cuerpo energético no podrá traer esa mejoría en forma rápida, porque el físico no lo tolerará y el proceso se hará pesado. Vuestros cuerpos energéticos tienen siempre los mensajes más sutiles y los futuros más brillantes para ayudarlos en cualquier misión sobre la tierra.

Debéis aprender a llevar bien la energía de ser padres, para que pueda ser una etapa divertida y enriquecedora. Traten de entender lo que les quieren decir vuestros hijos como almas encarnadas en la Tierra. Es importante entender que los hijos en esta etapa evolutiva del planeta no son los típicos niños y necesitan otras cosas fuera del sistema educativo y social. Son niños altamente telepáticos y esto hace que no se adapten al sistema convencional de las escuelas. Tengan siempre esto en mente, lo cual los ayudara a entender mejor la perspectiva de esos niños con respecto a los maestros y las actividades que las escuelas imponen, ya que muchas veces resultara mejor sacarlos del sistema standard y ocuparse ustedes de su educación. Recuerden siempre que estas criaturas han encarnado en estos momentos del planeta para influenciar activamente un cambio en el sistema y vosotros sois la plataforma que les provee el apoyo en todos los niveles posibles para que puedan realizar su propósito.

Desde el primer momento que ustedes han decidido tomar ese papel en esta encarnación, se han comprometido con esta hermosa misión que llenara de luz vuestro planeta. Dejen en segundo plano los roles, los papeles de autoridad, las creencias que se han creado alrededor de la relación padre/hijo donde se dice que ellos deben seguirlos y aceptar todas vuestras perspectivas ya que puede resultar muy limitante para ellos, recuerden que han venido a romper y cambiar sistemas y no a perpetuar la misma energía ya establecida.

¡Buena Suerte padres, lo estáis haciendo bien!

LOS FUTUROS, LOS CONTRATOS Y LA HERMANDAD CÓSMICA

Canalización Mayo, 2022

NOSOTROS LOS ANDROMEDANOS QUEREMOS DARLES LAS GRACIAS POR estar aquí presentes. Nosotros hoy estamos muy abiertos a la idea de que esta canalización no sea tan lineal y pueda ser mucho más libre y con menos filtros.

Comenzamos con una información que usaremos para abrir la transmisión en el día de hoy. El portal formado por los cuerpos físicos de todas las personas presentes aquí este momento, no tiene nada que ver con lo físico, sino con él porque y el para hayan tomado la decisión de estar aquí reunidos. Se acercan a nosotros los futuros potenciales y nos comentan que todos los participantes presentes no son novatos, ya tienen un camino recorrido y la información los ayudara a avanzar para resolver problemas venideros o bloqueos en vuestra realidad, además nosotros estamos confiados en nuestra capacidad para ser buenos guías.

La razón de que seamos nosotros los que nos acercamos a transmitirles la información y no otra civilización tiene un motivo, y esto es porque tenemos prioridad en cuanto a los temas permitidos que pueden ser expuestos. Cuando Andrómeda estuvo acá en el inicio de la creación de una Tierra poblada, fuimos los que dimos los permisos para seguir adelante en el proceso de la creación del humano y las directrices de como funcionaria este proceso. Los vehículos (cuerpos andantes) que tienen ustedes actualmente son parte de nuestra genética, nosotros les dimos las semillas de la estructura física para participar en la experiencia. Sin embargo, si lo vemos como un gran proyecto evolutivo, también participaron otras civilizaciones galácticas, pero somos los andromedanos los que dirigimos o damos las ordenes de como poblar el planeta, tenemos merito por nuestra trayectoria y se nos confía esta importante misión. Los océanos y todo lo que rodea la tierra tiene un propósito fundamental y este es apoyar a los humanos en esta densidad, ya que el agua o fluido nos permite a nosotros, vuestros guías, entrar al planeta de nuevo, lo cual sería casi imposible debido a que nos volveríamos muy densos, tomaría mucha energía siendo difícil para nuestros vehículos. Ahora este principio puede ser aplicado para sus propios cuerpos, y nos gustaría que lo usen para vuestro beneficio. Para esto deben pensar y desear ser más fluidos, querer ser más similares al agua o al aire, las células resuenan con esto y esto los llevara a reconectar con algo muy avanzado y contactar con nuestra energía.

Queremos explicar también que, en estos tiempos de contacto, Andrómeda tiene varios proyectos con ustedes, no es solo un deseo simple de estar aquí con vosotros, esto esta entrelazado con la voluntad de nuestro canal Alaleia, ya que ella desea profundamente impactar positivamente a las personas que la rodean y esto hace posible que ustedes nos reciban. En un principio vinimos a sanarla y modificarla, pero luego se activó la canalización para que pudieran ustedes también recibir y activar los mismos dones y talentos, esta es la forma como progresa la raza humana. Ella es nuestro proyecto y nadie pone en duda que es un canal muy puro. También estamos contemplando otro desarrollo para los humanos y es que ustedes comiencen a identificarse más con las civilizaciones cósmicas y paren de ser tan humanos. Se trata de que ustedes incrementen sus deseos de ser más pleyadianos, arcturianos, sirianos o de otra civilización, este es nuestro más grande anhelo que puedan recordar quienes eran realmente, reconocer que esto existe, esto les vuelve la experiencia humana mucho más sutil y elevada, y les permite modificarse a ustedes mismos y a otros.

Los Futuros o Pisos Dimensionales

Nos regimos por leyes o principios diferentes a los vuestros y estos son además cambiantes, yo puedo escoger estar aquí porque es mi deseo, pero puedo elegir estar en mayor velocidad, esto me permite viajar entre tiempos y espacios, esta regla es fija o estática, pero la podemos cambiar según la velocidad que escojamos, así accederemos a mundos paralelos diferentes.

Esto es tan real y ustedes lo hacen todo el tiempo, pero no se dan cuenta. Si en estos momentos escaneamos vuestras frecuencias, sentiremos que algunos están en pisos de frecuencias diferentes, algunos emocionados, otros tímidos, otros temerosos y así podemos seguir, cada uno está en su propia velocidad. Estos principios los pueden ayudar a sentirse más abundantes, ya que si contemplan la posibilidad de que ustedes provienen de una civilización más avanzada y además creen que pueden aprender a usar estas reglas universales, esto crea una gran expansión e incremento de velocidad.

Para poder acceder a este piso de energía más elevado, se debe estar relajado, sin emociones negativas, en empatía, en benevolencia, por ejemplo, cuando ustedes practican el perdón, ese paquete energético se incrementa y estarán en máxima velocidad. Al contrario, si estáis en stress o con emociones de miedo o rabia, esa esfera energética interna se contrae y os volvéis más densos en menor velocidad, atrayendo y emanando más de esa densidad. Hemos venido desde lejos para enseñarles a acercarse más a nosotros a través de este principio, para esto, debéis poder conectar con vuestro origen cósmico y creer que sois capaces de usar estas reglas.

Estos principios están en todo vuestro Universo, en todos los espacios y tiempos, lo único que aquí en la Tierra es más lento debido a la densidad. Los invitamos a practicarlos para poder conectar mutuamente con mayor facilidad, deben entender que sois unas máquinas del tiempo y sois creadores de nuevos futuros donde no existen desbalances o caos en vuestro planeta. Los futuros son imperceptibles al principio, pero a medida que empiezan a subir la velocidad los empiezan a percibir, se sienten como una especie de electricidad en vuestro cuerpo físico.

Una forma fácil de que puedan verlo es cuando ustedes no se sienten en expansión, están bajos de energía, apagados, sienten que son seres pequeños, entonces ahí estarían en baja velocidad. Si, por el contrario, están motivados, emocionados, en estado de gratitud, aunque se presenten los mismos problemas del pasado, o situaciones que deben ser resueltas, ustedes lo verán de forma completamente diferente, todo será expansión y alegría debido a la alta velocidad. Estos son los futuros más brillantes que están permeándose a través de vuestros vehículos físicos.

Otro ejercicio que pueden practicar para elevar vuestra frecuencia o velocidad es enfocarse en la parte de vuestro cuerpo que se siente más energizada, y comparar con otras zonas de baja energía. Entonces podéis utilizar el poder de la intención y llevar la energía de la zona corporal de mayor velocidad (ya sean manos, pies, espalda, etc.) hacia la más contraída o densa. También podéis recargaros de energía del ambiente que os rodea, de la luz, del mar o de la naturaleza y utilizar esa energía para elevar vuestra velocidad.

¡Recordad que sois capaces de hacerlo, sois los Reyes del tiempo!

Pregunta: ¿Como podemos elevar nuestra frecuencia o velocidad, en nuestro día a día que puede estar lleno de stress o problemas humanos?

Si quieren volverse la mejor versión de ustedes mismos, deben entender que los inconvenientes o problemas, como ustedes los definen, no están afuera, y esto hace que los perciban como algo que los afecta. Ustedes como creadores manifiestan ese algo que produce la resistencia para poder conseguir la solución. Todo esto indica expansión, por esto, busquen que les produce desvalorización y decidan que prefieren, busquen su valor interior. Pongamos un ejemplo: Si tenemos un volcán que está en erupción y también tenemos una montaña que está creciendo, pero en este momento estoy cansado o con baja energía, debería preferir ir a la montaña, la cual utilizaría mi energía para seguir creciendo y crear más montañas. Ir al volcán en estas condiciones energéticas, sería una pésima decisión, debéis ir con alta frecuencia y no desgastados. Con esto queremos decir que la mejor manifestación de las soluciones a los problemas cotidianos se consigue desde un nivel de alta frecuencia, si consideran que no están en una buena velocidad en ese momento, no intenten resolverlo, es mejor esperar.

También podéis tomar otro patrón de pensamiento, donde el volcán y la montaña representan los problemas, entonces pueden dejar de enfocarse en ellos y dejarlos ir, no se aferren al inconveniente y pueden centrarse en que todo es energía, esto también produce expansión, pero es más difícil para ustedes ahora en este nivel de conciencia.

Mientras ustedes posean un cuerpo físico recomendamos mucho que usen el ambiente para elevar la frecuencia. Busquen en el ambiente que los rodea lo que les provee más alta velocidad.

Nos gustaría seguir explicando el proceso creativo. La psique humana debería ser fuerte para resistir a los problemas y a la vez esponjosa, para que permee hacia adentro la información expansiva. Utilicen esta enseñanza para vuestro beneficio en momentos que tengan problemas, lo fuerte me protege y no deja que permee hacia mi interior y afecte mi energía. Pero si, por el contrario, estoy viviendo momentos hermosos, llenos de amor, compasión o alegría, entonces permito que lo fuerte no se resista y fluya profundamente toda esta energía benevolente hacia mi interior y me expanda. De esta forma, utilizan el ambiente para su propia aceleración, mientras más alta sea la velocidad, esta atrae más futuros brillantes y los que tienen prioridad son los más benevolentes. Cuando sienten ese impulso de hacer algo positivo que os llena de amor, debéis seguirlo y dejarlo permear en vosotros, ya que seguramente son los futuros más elevados llegando a ustedes y decreten que están listos para recibirlos y dejarlos fluir en su interior, de esta manera, esos futuros se quedaran el tiempo necesario para que puedan elevar la frecuencia y seguir creando en alta benevolencia.

Pregunta: ¿Referente a la transformación humana desde la actual tercera dimensión hasta una quinta dimensión, qué papel juega la neuro plasticidad?

Vuestros cuerpos siempre han sido poseedores de esta característica del cerebro, pero lamentablemente nunca ha sido profundamente explicada. La neuro plasticidad es la capacidad del cerebro humano de hacer modificaciones según sea necesario, hacia lo más positivo. El cerebro recuerda cómo se sienten las frecuencias más altas y deja fluir esas energías conectándose con ellas, de esta forma la negatividad va perdiendo poder y todo se sustituye con positividad. La neuro plasticidad no está en el cerebro, no está en el psique mismo, realmente esta con lo que se conecta vuestra mente. Es la memoria de un sentimiento o emoción positiva hacia donde deseamos ir y traemos esa energía a nuestro campo energético.

El siguiente paso es la transición en vuestros cuerpos físicos de carbono hacia el silicio, es un cambio pequeño para que entiendan que los cuerpos se volverán más permeables o fluidos, ya que este elemento tiene esa característica y al ser incorporado a la química de vuestros cuerpos, estos se volverán más parecidos a nosotros, más como seres de luz del cosmos. Sin embargo, si no están listos para este cambio al silicio, esto no es positivo de ninguna manera. Es importante entender que, si ustedes buscan conectarse con este mundo paralelo donde existe esta transformación con el silicio, pero no están completamente listos para ese cambio, será muy negativo para ustedes. Además, dentro de la humanidad misma, existen diferentes orígenes cósmicos y si alguno de ustedes tiene su genética enraizada con una civilización donde el silicio no forma parte de su evolución, esto estará sumamente desbalanceado. Nosotros utilizamos este elemento de la tabla periódica para ayudar a nuestros cuerpos físicos a crear más fluidez y evolucionar, pero este no es un proceso considerado muy avanzado.

Pregunta: ¿Como puede un persona prepararse para estar lista para este cambio a cuerpo de silicio?

Respuesta: Tomando mucho líquido, detoxificando el cuerpo físico, conectando frecuentemente con la naturaleza, con una alimentación más natural y ligera, evitando zonas de excesivo Wifi o electromagnética, alejándose de relaciones o personas toxicas, debe tener el profundo deseo de ser similar al silicio mismo, más fluido, más cósmico. Así ese mundo paralelo del silicio detecta que ese individuo está listo, y si además recibe su llamado e intención de cambiar, esto producirá que la persona resuene en la misma frecuencia que el mineral y la transformación sucederá en ese caso particular, y no masivamente como se ha dicho que sucedería.

Queremos dejarles la presente enseñanza: Creemos que es más favorable para ustedes pedir el mejor cambio disponible en los actuales momentos y confiar que evolucionaran a vuestro paso y con gracia y facilidad. No siempre lo que conocen o escuchan es lo más conveniente, utilicen el momento presente para pedir con intención que lo más elevado venga a ustedes con el propósito de expandir y evolucionar.

Hablando de los patrones de creencias en los humanos, estos son mundos paralelos con bloques de pensamientos que están estancados y aunque estén conscientes que ya no les sirven y quieren modificarlos, ustedes siguen visitándolos repetidamente. Estos pisos o mundos no son estáticos, sino cambiantes y están predispuestos a ser modificados.

Pongamos un ejemplo común en la Tierra, la creencia de que: "Es necesario trabajar duro para ver resultados positivos". Si quieren cambiar esta creencia, primeramente, deben verla como lo que es, una programación y no como parte integral de ustedes, así que es posible modificarla. Para los humanos es difícil a veces cambiarla porque se han desconectado de la idea de que el cuerpo también es energía y piensan que es una creencia ubicada en el cerebro, esto no es así, sino que esa energía está entrando en ustedes.

Una vez que hayan decidido cambiarla energéticamente, hacen una acción física contraria como puede ser quedarse en casa un día particular y al experimentar la gratitud del momento, la agradable posibilidad de tener todo lo necesario, aun sin tener que trabajar duro ese día, entonces la energía de esa nueva creencia permea en vuestro cuerpo y se instala produciendo así que se manifieste una realidad donde el sábado es libre y no se trabaja. Pueden continuar y llevar esa emoción hasta un lunes, martes, etc. Todo es energía, es el futuro que se presenta, quiere establecerse, es percibido, lo ven y pueden decidir si lo toman o no.

Como ejercicio pueden hacer lo siguiente: encienden una vela y mientras están allí, escriben una nota donde describen como se siente estar en ese estado de gratitud, de libertad, como experimentan la expansión en la conciencia de que todo es posible, si la vela permanece encendida por un largo rato, eso significa que esa creencia en particular permanecerá en ustedes mucho tiempo, por el contrario, si se apaga no durara tanto. También pueden hacer modificaciones y ajustes a cada creencia según vuestra conveniencia y la realidad ira cambiando.

La Esperanza

Ahora quisiéramos hablarles de lo que ustedes conocen como la "Esperanza…. Todos tienen proyectos y deseos que esperan que sucedan en vuestra realidad. Es como confiar y estar muy emocionado. Pero también los humanos tienen una especie de grumos en los canales del flujo y estos bloquean esta energía de la esperanza, ella es muy sutil y no podrá llegar a ustedes con estos bloqueos. Estos grumos son energías más pesadas como por ejemplo el aburrimiento, el cual forma grumos y ustedes se acostumbran a ellos y desde allí no podrán venir los futuros más brillantes con frecuencias más altas. Únicamente sucederá si los llaman con intención, por esto, deben ver la experiencia de una forma más esperanzadora. Aquellos momentos en que ustedes experimentan una elevada emoción, como puede ser cuando están presenciando una canalización, o están en un lugar de la naturaleza muy energético, o practicando algún arte que les llena el espíritu, deben estar conscientes que estos momentos son de alta frecuencia y deben extrapolar esa energía durante todo el día y sobre todo a los ratos donde el flujo de la esperanza tiende a bloquearse por frecuencias más bajas, así se acostumbraran a estar entre ambas energías y poco a poco la más elevada predominara la mayor parte del tiempo en vuestra realidad. De esta manera, solo existe la posibilidad que los futuros más brillantes y esperanzadores lleguen a ustedes y se permeen.

Quisiéramos explicar también como volver lo más oscuro en algo muy brillante y como el Ego juega un papel en el bloqueo. Pongamos el ejemplo de las personas que son Medium o psíquicos, nosotros lo vemos como si ocultaran este don a la sociedad por miedo a no ser entendidos o aprobados y así, lo vuelven oscuro, pero por el contrario es algo que trae mucha luz. Primeramente, la oscuridad no existe, es solo una energía estancada, son creencias, percepciones que traen densidad y lo relacionan con el don, y ustedes lo que hacen es tapar algo luminoso con oscuridad debido a sus condicionamientos.

¿Como enfocarse más en la luz? Primero es tener la certeza que lo oscuro no tiene poder sobre ustedes, ya que van más allá y, por el contrario, entender que me está trayendo enseñanza. Cuando lo hagas, la percepción que es algo oscuro se debilita y mejora, así atraen más luz, más velocidad y en consecuencia mayor poder de atracción.

La única verdad es que ustedes han traído el don a vuestra realidad para mostrarlo y emanarlo, además lo han clasificado como oscuro para poder transmutarlo en luz, esto es parte de ustedes ya que son los creadores de todo.

También existen temas a nivel global como la última pandemia, la cual aparece como algo de una inmensa oscuridad que afecta nuestra hermosa madre Tierra. Deben entender que, si han traído algo peligroso a vuestra experiencia, es porque han creído que es posible que aparezca algo así y deben identificar qué información les trae. Posiblemente sea que deben reconocerse como seres creadores y omnipotentes y esto traerá los futuros potenciales más benevolentes para la solución rápidamente.

Hay que tener claro, que toda la realidad la crean ustedes como seres omnipotentes y si han traído esa experiencia caótica a sus vidas, es para que entiendan que también la pueden modificar o erradicar. La oscuridad está presente para ti, para cambiarte y para que escojas lo oscuro o lo claro en máxima frecuencia. Nosotros preferimos que, por supuesto escojáis lo luminoso ya que esto les trae mucha velocidad y con solo unos pocos minutos con nosotros, podréis cambiar con un alto porcentaje de probabilidad, ya que la oportunidad es perfecta para hablarles, censar vuestras energías, decirles que elementos los están bloqueando y, además, darles la mejor forma de avanzar eliminando sus dudas.

Por esta razón siempre le hemos comunicado a nuestro canal Alaleia, que preferimos grupos no tan grandes, ya que ella podrá sostener la energía de la transmisión con mayor facilidad para cada participante, de esta manera pueden recibir más energía en ese momento, y, además, yo Omtrust, permeo con más facilidad a través del portal. Si hay energía en abundancia en el cuerpo del canal, existe la posibilidad de que también se acerquen seres de otras civilizaciones para dejar sus mensajes, como pueden ser los Arcturianos o Pleiadianos. Luego de cada sesión de canalización, los participantes deberían cuidar su energía corporal, ya que luego de recibir altas frecuencias, todo resuena y se percibe con un calibre muy alto. Al volver a la rutina del mundo exterior, podrían entrar en contacto con personas que no vibran igual, entonces El Universo tratara de impedir que todo estimulo externo por parte de personas que vibran más bajo, molesten o interfieran con esa alta velocidad y estas personas de menor frecuencia, serán apartadas de alguna manera con lo que a veces puede parecer un simple inconveniente o accidente. Por esto, lo más sensato es evitar frecuentar lugares o personas consideradas toxicas luego de las sesiones.

Los Contratos o Acuerdos

Existe un fenómeno universal denominado Resonancia, siendo esta una frecuencia característica de un cuerpo o sistema que puede alcanzar un grado máximo de vibración. Si una persona de menor frecuencia es cercana a otra de alta frecuencia, la resonancia provocara que la de menor vibración se equipare y eleve su frecuencia paulatinamente.

Sin embargo, también existen los contratos o acuerdos entre personas, grupos, sistemas, empresas o inclusive seres de luz de otros planos. Estos contratos sobre todo del tipo terrenal podrían afectar vuestras frecuencias y alterar la velocidad típica de cada individuo, así que, tendrán que ser analizados previamente y la vida decidirá si estas almas deberán seguir juntas a pesar de la diferencia de velocidad para hacer cambios profundos a nivel del alma, o por el contrario deberán alejarse. Estos contratos son creados para aprender mutuamente y siempre con la intención de ayudarse y crecer espiritualmente.

Siempre con Dios de la mano se sabrá si es más benevolente seguir con el contrato o romperlo y la respuesta llegara a través de la intuición o en meditación. Ya que estos acuerdos vienen de planos astrales y se establecen antes de encarnar en el planeta, en ese momento se planifica lo que se debe trabajar y quienes estarán participando. Luego de esto, se colocarán los roles a seguir como el de madre, padre, hermano o pareja, estos son para ayudar en el crecimiento de la consciencia, pero a veces no funcionan, estos se pueden deshacer y los roles pueden ser cambiados. Por ejemplo, puedo sustituir la energía que he definido como mi madre por una energía Arcturiana, o el vínculo de hermano por la energía de un hermano cósmico, y lo que va a suceder es que me atraerá mucho más estar en meditación o empezar a canalizar, que discutir con la madre o con el hermano de parentesco.

Hay casos en los cuales los contratos a trabajar se vuelven desbalanceados, entre las partes, existe la persona que entrega más energía y benevolencia y la otra que se limita a pedir, recibir y no aporta mucha luz. Según nuestra perspectiva, la persona con más consciencia debería prescindir del acuerdo y alejarse, pero para la mente humana esto puede verse como cruel, y poco empático, provocando una emoción de culpa y una sensación del deber no cumplido en el alma de la persona más elevada. Todo esto nos indica lo que esa persona debe trabajar, es lo que llamaríamos la oscuridad a trabajar, la culpabilidad, el resentimiento y la obligación, esa parte debe eliminarse y al no haber más contacto y responsabilidad por ese acuerdo, se manifestara más libertad y máxima expansión. Esto mostrara mucha más luz y más benevolencia en la vida de esa persona y en la de los que la rodean.

Existen contratos más fuertes que otros, por ejemplo, los contratos con una madre, un padre o hermano, poseen una importancia de peso, ya que fueron establecidos antes de encarnar con el propósito principal de ayudarse, crecer y aprender mutuamente, sin embargo, si alguno de estos acuerdos se ha vuelto muy toxico, con nuestro libre albedrio podemos pedir ayuda al Universo, a la Vida o al Creador, que este sea minimizado o resuelto para el mejor beneficio de los involucrados, y la relación mejorara y ganara luz. Por otro lado, gracias a esta libertad innata de elección que poseemos, podemos pedir la cancelación de contratos menos fuertes o determinantes que puedan estar afectando nuestra vida. Cuando encarnamos traemos estos contratos debajo del brazo para expandir nuestra experiencia, con detalles de quien serán los participantes en el juego de la vida que hemos escogido.

Sin embargo, estos acuerdos no existirán con todas las personas con las que interactuamos constantemente, con estas solo existirá un entrelazamiento, el cual es más estático, no tan dinámico o interactivo como el contrato. La mejor guía para saber si lo más benevolente es prescindir de un contrato percibido como negativo, es hacer una introspección y censar como se sentiría dejar de comunicarse con esa persona específicamente problemática, si percibimos una inmensa paz y tranquilidad, una sensación de bienestar profundo, ya tendremos la respuesta positiva. Por el contrario, si solo sentimos intranquilidad y ansiedad al pensar en cortar relaciones con esa persona, significa que aun debemos trabajar algo o dilucidar la enseñanza oculta allí en ese acuerdo.

Los contratos son subconscientes, pero también vienen de planos astrales. Son tejidos con las personas participantes, pero pueden ser destejidos, son para ayudar, pero a veces no funcionan. Lo que no está mucho bajo vuestro libre albedrio, es cuando, como y donde se va a cancelar o se va a fortalecer un contrato especifico. Es el Universo el que mandará mensajes con esta información y siempre será lo más benevolente para la experiencia de esa persona.

También pueden existir contratos con empresas, animales u objetos que se han construido a lo largo de nuestras existencia, pero en estos casos siempre vuestra conciencia va primero, ustedes deben decidir si es una interacción que vale la pena, que deja enseñanza positiva o no. Solo ustedes tienen el poder de disolverlo o perpetuarlo.

Siempre deben ponerse cada uno de ustedes en primer lugar, esa es la posición más benevolente y la vía más elevada en frecuencia, la cual se reflejará en cada persona que los rodea y en el planeta.

¡Todo es energía! recuerden eso todo el tiempo.

Hermandad Cósmica

Ahora queremos hablar un poco de esta hermandad con otras civilizaciones galácticas que nos permite que utilicemos los futuros. Nosotros no somos expertos en la manera como vosotros escogéis los caminos a seguir en vuestra evolución, pero si estamos orgullosos de poder guiarlos hacia las mejores opciones disponibles para ustedes según vuestras almas.

En las Pléyades, ellos creen firmemente que cambiando creencias negativas y fomentando la unión entre ustedes, naturalmente atraen lo más elevado.

Por el contrario, nosotros creemos más en la individualidad y que a través de cada uno, la energía evolutiva es atraída y además se expandirá en los demás. Solo queremos que entiendan que, aunque seamos diferentes, todos trabajamos en una hermandad y que cada vez que un individuo tiene una inquietud o requiere respuestas, todos nos juntamos a ver cómo podemos ayudar de la mejor forma posible en algún momento.

No existe el ego en esta acción de ayuda, puede que lo más benevolente sea recibir las respuestas desde el reino angélico, o de un ser galáctico especifico, de un ancestro o de una vida pasada, siempre en máxima benevolencia y sin apegos. No se trata de lo que nosotros deseamos para ustedes, sino lo mejor para ustedes en cada momento presente y eso traerá la mayor posibilidad de Luz.

También queremos cuidarlos para que los futuros disponibles sean los mejores para cada uno de ustedes y ver que tan permeables están ustedes para aprovechar el momento cuando lleguen.

No está de más recordarles que los equipos eléctricos, como los teléfonos, televisión y computadoras, no los apoyan en el proceso de avanzar energéticamente ya que los vuelven más pesados o densos, es como ponerle una red a un delfín para que no salte. En la medida de lo posible, tomen todos los momentos de alto calibre como pueden ser, tiempos de meditación, contemplación o canalización, sin el uso de tecnología, ya que esto les bajara la frecuencia. Así mismo les recomendamos, alejarse de personas que pasan mucho tiempo en el teléfono, ya que, aunque no se dan cuenta, están siendo controlados a través de esta tecnología, y no son capaces de imaginarse la vida sin ellos. Estas personas no están en estado expansivo, ni de alta frecuencia. Sin embargo, entendemos que estos elementos forman parte de vuestra civilización en estos momentos y no estamos completamente en contra de ellos, siempre tendrán un uso positivo cuando llaman a un amigo y comparten hermosos momentos.

Pregunta: ¿Qué tipo de meditación podría ser la más conveniente actualmente?

Respuesta: Realmente creemos que no existe un único tipo de meditación que se adapte a cada uno de ustedes, simplemente es la que os provea de una alta gratificación, o sientan que es requerida para un proceso especifico, entonces esa sería la adecuada para cada uno. Podría ser cualquier tipo de meditación profunda, también la contemplación como tal puede llevar a profunda relajación, la respiración, la canalización o practicar la telepatía. Todas estas formas sutiles de conexión son energía y los futuros están esperando interactuar con ustedes a través de ellas. En casos donde existe un problema o inquietud por resolver, el modo más activo como la telepatía podría ser la más conveniente para recibir respuestas para la solución del inconveniente. Pero si, por el contrario, están buscando relajación, entonces la respiración, o sentir vuestros cuerpos en contemplación serían las más adecuadas.

Para nosotros los Andromedanos, todas estas formas de meditación como ustedes las llaman, son consideradas antiguas, solo tenemos el recuerdo de ellas cuando las practicábamos en nuestra trayectoria evolutiva, ahora nosotros solo ponemos nuestra intención en donde deseamos conectar y no hacemos una acción con los vehículos o cuerpos, estos están completamente criogenizados o congelados, pero con movimiento y podemos cambiar los estados del cuerpo de gas o hacia menos fluido según sea el requerimiento. Para nosotros el movimiento o estados que requieren alta acción es de bajo calibre, eso significaría que somos una civilización que sigue en modo trabajo y no es así.

Hablemos del estado de gas de nuestros cuerpos. Es una forma o composición del cuerpo adecuada para poder viajar. A voluntad se puede cocrear el estado de gas en vuestros cuerpos con otras entidades para poder viajar entre realidades o espacios tiempo. Nuestro vehículo Alaleia por ejemplo, no está en forma de gas pero sus pensamientos están más hacia esa forma para facilitar mi entrada en ellos. Son principios de más alta velocidad, son nuevas creaciones.

Pregunta: ¿Como es la vida en Andrómeda? ¿Existen los grupos familiares?

Respuesta: No existe la familia individual como ustedes la conocen, todos somos una sola familia, es decir, no tenemos padre o madre, pero si tenemos los recuerdos de ser parte de un núcleo familiar cuando estábamos en las dimensiones de los pleyadíanos. También tenemos recuerdos de ser como ustedes, de cuando empezamos a crecer como raza evolutiva. Ahora preferimos ser comunicadores y tenemos el deseo profundo de que lo mejor suceda para ustedes, y de esa manera, lo más benevolente se moviliza y sin duda les llegara.

Los Andromedanos no estamos inclinados a enseñarles intensivamente, una y otra vez, preferimos hacerlo por ustedes. Ustedes no se dan cuenta, pero estamos siempre trabajando con vuestros guías para proveerles lo que necesitan para seguir avanzando más fácilmente. Estamos orgullosos de lo que hacemos y consideramos que somos muy buenos en ello.

Nuestra civilización es muy fría, lo es también en apariencia. Preferimos no entrar en ustedes si antes no hemos conversado con vuestro espíritu. Somos llamados cuando hay grandes problemas, ya que somos muy rápidos en ver la soluciones, pero no es común para nosotros bajar frecuentemente a la Tierra. En estos momentos estamos en la nave, somos unos 35 seres que hemos venido específicamente a modificar a nuestro canal, y posteriormente veremos si nos vamos o nos quedamos. A diferencia de los hermanos Arcturianos, ellos vienen en sus naves para misiones masivas de 1000 o más individuos. Podríamos decir que somos como los cirujanos y las otras civilizaciones son los enfermeros, pero siempre en hermandad para cambiar el planeta.

Físicamente somos muy altos, alrededor de 3 metros, nuestras cabezas son muy grandes, como también nuestros pies, los cuales nos dan más enraizamiento. Finalmente les decimos que nuestra composición es más parecida al plasma que a lo denso, ya que es lo más fácil para viajar entre realidades. También les compartimos que nuestra nave nos da el soporte o espacio para recargarnos y planificar proyectos mientras estamos conectados.

Nosotros estamos muy orgullosos de poder ayudarlos a ustedes y a otras civilizaciones. Sobre todo, nos hemos juntado con los hermanos Arcturianos por mucho tiempo para poder cambiar el calibre de la Tierra, todos somos uno y no podemos abandonarlos.

Uno de los proyectos que enseñamos en la Tierra junto con los Arcturianos es sobre la tecnología. Queremos que tomen conciencia y entiendan que la tecnología no los puede dominar, ustedes la han creado a ella. Es nuestro deseo que lleguen a la Tierra nuevas invenciones a través de ustedes y que estas puedan traer mucho descanso de las ondas electromagnéticas.

Pregunta: ¿Quiénes son nuestros padres cósmicos?

Respuesta: Los padres cósmicos, a diferencia de los padres humanos, son las semillas que os han creado. Pueden ser de un linaje cósmico especifico o varios al mismo tiempo, como pleyadianos, arcturianos o andromedanos. Este linaje se encuentra en los récords akashicos de cada persona y se muestra mucho en la realidad actual de cada uno. Si nosotros hacemos un scan en ustedes podemos ver a cada origen cósmico presente en sus récords y cuales están más prendidos o activos y, por el contrario, los más apagados. El hecho que este encendido, significa que en esta realidad esa persona tiene un entrelazamiento con cierta civilización cósmica en cuanto a proyectos y misiones, por lo tanto, la conexión entre ellos es inmediata y brilla con mucha luz.

Pregunta: ¿Cómo fue el proceso de sembrar la vida en el planeta Tierra?

Respuesta: El proceso fue simple y estamos muy orgullosos del resultado, porque los vemos avanzando y aprendiendo, pero pensamos que, si ustedes no trabajan en ustedes mismos, vuestros hijos o descendientes no la van a pasar bien debido a la densidad aun reinante. Ese fue nuestro propósito inicial, eliminar la densidad y crear más luz en el planeta.

Este proceso inicial no fue de ninguna manera biológico, fue únicamente energético. La intención que existan cuerpos de hombres, de mujeres, cuerpos trans, o cuerpos de niños, tiene un propósito, tiene la finalidad de mostrarles que en el cosmos existe absolutamente todas las posibilidades, inclusive las no materializadas aún.

Hubo en el inicio un primer deseo que nació en las civilizaciones galácticas, sobre todo en Andrómeda, Arcturus y Pléyades, el cual fue creciendo y luego cambiando, es un deseo en conjunto de los padres cósmicos y del Creador. El proceso se puede describir así: Primeramente, nosotros creamos las condiciones propicias y las directrices y luego nuestros hermanos de otras civilizaciones se hacen cargo que todo florezca. En ese preciso momento cuando aparece la explosión del deseo de crear en el cosmos, lo hacemos con mucha conciencia y esperamos a ver cuáles son las posibilidades que irán apareciendo. En un primer momento, es difícil de observar ya que los procesos creativos son muy fuertes, inclusive para nosotros, pero luego irán manifestándose las primeras creaciones, podría ser un volcán, un mar o un océano, y luego se complementa con las primeras formas de vida que habitarán en ella. Posteriormente lo que parecía un proceso aislado de la formación de un bloque solido en el espacio, va tomando una forma esférica se vuelve cada vez más complejo y grande.

Están viviendo en la versión más densa que existe del planeta, luego también hay otras versiones con energías más pleyadianas o arcturianas, y otras realidades intermedias entre ellos. Todas esas versiones están habitadas, pero son más fluidas, todo funciona más sutilmente, serian versiones parecidas a la película Avatar para los que están familiarizados con ella. Cuando ustedes incrementen su propia velocidad podréis ver esas versiones sutiles de la Tierra, pero por ahora no recomendamos que viajen allí, ya que ustedes son requeridos aquí en la densidad para elevar la frecuencia de esta versión. Existen múltiples versiones de la Tierra, pero no son visibles por ahora debido a bloqueos que impiden que lleguen a ustedes todas las versiones posibles.

Nos gustaría que algunas cosas en vuestra civilización fueran cambiando, sobre todo en el tema de la polución del planeta, sustituyendo los motores de petróleo por eléctricos. Así mismo, usar la tecnología de los teléfonos exclusivamente por razones de trabajo, así se reduciría considerablemente su efecto electromagnético en ustedes. Los hermanos Arcturianos comparten esta inquietud con nosotros, sin embargo, dicen que la tecnología de las computadoras debería ir cambiando hacia un sistema que responda a vuestras conciencias y no precisamente a un teclado, que ustedes sean capaces de pedirle que les muestre los archivos o la información que necesiten y ellas respondan.

Pregunta: ¿Cuántas dimensiones o realidades existen?

Respuesta: Nosotros pensamos que coexisten 38 dimensiones, pero no son lineales, es decir se solapan unas sobre otras, eso quiere decir, que ustedes pueden acceder a una dimensión que contiene en si misma otras 30 realidades y estas a su vez otras 30 y así sucesivamente, pero son futuros no recomendables o peligrosos, ya que solo se puede viajar allí si el cuerpo se puede volver gas comprimido para poder acceder hasta las últimas dimensiones sin ser aplastado. Ustedes los humanos están ahora mismo entre la tercera y cuarta dimensión, en proceso de pasar a la quinta, pero sin el apoyo estelar están un poco densos, los andromedanos estamos alrededor de la veinteava dimensión, sin embargo podemos viajar hasta la novena y volver a la veinte si deseamos, los Arcturianos están más cercanos entre octava y novena, los pleyadianos están entre la sexta y novena, cambiando entre ellas, los sirios están más plasmados entre la sexta y octava. Todos estamos viajando.

Cada dimensión tiene reglas, leyes y principios propios, si yo te enseño las mías, tu iras cambiando hacia mis realidades más elevadas sin límites. Pero, por el contrario, si tu sistema de creencias te dice que eres limitado, entonces solo accederás a realidades menos elevadas. Sin embargo, en el día a día de ustedes, van cambiando de dimensiones suben y bajan según las experiencia que van viviendo. En la Tierra puede haber vehículos que viven mayormente en realidades muy altas, pero casi siempre desencarnan pronto o se aíslan en lugares energéticos del planeta, pero al tener el conocimiento que son seres cambiantes pueden adaptarse a dimensiones inferiores y luego regresar a las más altas. Todos ustedes deben aprender a ser más flexibles.

Las dimensiones están dentro de vosotros, pueden cambiar de realidad según lo que desean experimentar. Por ejemplo, si deseáis vivir algo muy elevado y expansivo, solo con la intención podéis acceder a esa dimensión y es bien merecido, ya que está dentro de ustedes y poco a poco sentirán el cambio interno.

Nos emociona mucho trabajar con vosotros para ayudarlos a avanzar más rápidamente y si están de acuerdo, podemos eliminar de ustedes memorias del pasado que ya no son beneficiosas y sustituirlas por memorias mucho más cósmicas y expansivas para esta época planetaria. ¡Con vuestro consentimiento lo haremos en los próximos días después que terminemos con la sesión de canalización y así será!

LAS CAMARAS ARCTURIANAS DE SANACIÓN

Canalización Junio, 2022

¡Hola a todos!, aquí les habla Omtrust desde Andrómeda y les quiero agradecer primeramente por haber aceptado el llamado a recibir la información de nuestros hermanos los Arcturianos. Hacemos espacio y los dejamos para iniciar su transmisión:

Somos los Arcturianos y venimos hoy con el propósito de explicarles sobre el futuro que existe para ustedes basado en el momento presente que están viviendo. Se han preparado unos pendientes o amuletos, unos cristales y una llave, los cuales serán entregados a cada participante luego de terminada la sesión.

Nosotros tenemos como propósito hacerles llegar la información sin mucha interferencia, por lo cual creemos que será una canalización maravillosa.

¡Bienvenidos a todos a esta sesión de canalización!

Lo primero que queremos explicar es que existe un portal abierto con nuestra nave y vamos a aprovechar la ocasión para eliminar la interferencia de los teléfonos para que fluya la información más fácilmente. Hay varios portales abiertos o cámaras que queremos utilizar para subir un poco el alma de los que aquí participan y descifrar mejor el propósito de cada uno de ustedes en este planeta.

Con mucha luz y amor les compartimos que la primera cámara que vamos a utilizar es muy poderosa y es la cámara de la ¨Bondad y el Amor¨. Para todas las personas que se sientan atraídas a esta cámara esto significa, que se encuentran en este momento encarnados para atraer esta energía a todos en el planeta y también para ellos mismos. Estas personas desean vidas muy bondadosas o parejas que resuenan en bondad, y también trabajos y finanzas todo con mucho amor.

La siguiente cámara es muy antigua y su energía es diferente, es la cámara de la ¨Protección¨. Esta se refiere no solamente a la protección que se puede dar sobre el cuerpo físico, sino también, a la protección psíquica. Algunas personas pueden sentir esta cámara con mucha más fuerza que la de la Bondad y el Amor. Es importante que no identifiquen las cámaras como mejor o peor, solamente tienen que ver con los potenciales futuros.

El propósito de escoger estos amuletos o pendientes para los participantes es que pensamos que puede ser una forma de llevarse las cámaras con ustedes. Cuando estos objetos son elaborados con vidrio, ellos resuenan con retener información y cuando ustedes los escojan, estarán escogiendo las cámaras disponibles desde nuestra nave. Por esto, la cámara que escojan tiene relación con lo que cada uno necesita y por esto, lo que parece un deseo a primera vista a veces no lo es a un nivel más profundo. El propósito de los amuletos es que los usen, pero también que lleven la información a otros sobre la existencia de nuestras cámaras.

En estas cámaras o espacios, nosotros ofrecemos sanaciones a los cuerpos que entran como almas o en forma energética, allí brindamos además paz a aquellos que los necesiten. Es una información que les ofrecemos de primera mano y es nuestro deseo que puedan escogerla con mucha más conciencia. Las cámaras de las naves fueron desarrolladas no solo con el propósito de sanación, sino también para que tomen conciencia de que ustedes están entrando y saliendo de ese espacio, y esto les permite abrir mucho más el tercer ojo para recibir toda la información que esa cámara tiene para ustedes.

Las cámaras fueron desarrolladas por nuestra civilización en el tiempo perfecto cuando se determinó que era importante tener estos espacios para ustedes.

En base a eso, las cámaras tienen sus tiempos. La cámara de Protección es la más antigua y fue creada con energía psíquica protectora para el planeta.

Por el otro lado, la cámara de la Bondad en más reciente y tiene relación con las nuevas semillas estelares y la futura Tierra.

Las cámaras tienen la posibilidad de ser otorgadas a ustedes porque las están pidiendo en vuestro subconsciente o simplemente porque se las han ganado, es decir, han hecho méritos en el pasado o han venido sucesivas veces al planeta deseando ese contacto. Por esto podríamos decir que es algo que no ocurre simplemente al azar.

Las cámaras son todas bastante antiguas, pero están colocadas en sitios diferentes. En el grupo aquí presente tenemos las dos cámaras que hemos mencionado. Nos gustaría que durante esta sesión nos permitan incrementar sus habilidades psíquicas y puedan sentir mucho más.

Ustedes pueden estar seguros de que con la intención pueden acceder energéticamente a las cámaras cuando lo necesiten. Nos pueden pedir activar en ustedes una cámara en particular y así podrán acceder a la nave que posee esa especifica cámara. Para los que hoy participan en la sesión, con el uso del amuleto o pendiente, pueden tener un permiso o acceso a ellas.

En este momento estáis en contacto con una ramificación de la nave Athena, somos cinco seres los que contactamos con ustedes, y nos denominamos los "Guardianes de las cámaras ".

Es importante que entiendan que fue la nave de los Andromedanos que nos sugirió que viniéramos a ustedes, ya que ellos lo consideraron importante. Es un momento bendecido para nosotros y venimos a esta casa que, aunque oculta momentos de dolor por lo ocurrido con el canal físico Alaleia, también posee mucha luz y dicha por ser el lugar del contacto, por lo cual, ya es un lugar de referencia y apertura para que nosotros podamos acercarnos y comunicar. Nuestra nave cambia de posición horizontal a vertical para lograr un mejor contacto en estos momentos.

Ahora cada participante de esta sesión va a escoger un amuleto que representara a una de las dos cámaras activas en el grupo. Cada persona lo elegirá en base al proceso de vida que está transitando actualmente y tiene relación con los dones y habilidades.

Cada vez que deseen utilizarlo deben repetir:

AMULETO-CAMARA BONDAD-ARCTURIANOS

De esta manera se activa la cámara deseada y se logra la apertura. Luego se debe hacer la petición que se desea y finalmente se pide cerrar de nuevo. Mas adelante explicaremos con más detalle el cierre de la cámara.

Esta cámara tiene relación con la nueva versión que cada uno quiere ser y la energía que desea traer al planeta. Es un portal para recargarse de energía y es recomendable abrirlo al acostarse y cerrarlo al despertar. También se puede utilizar para recibir mensajes telepáticos y resolver problemas. Cada vez que un alma llega a la cámara, se escribe su nombre en lenguaje de luz, este queda registrado en los récords de la nave y se establece una conexión más profunda.

Si con el tiempo el amuleto se deteriora, este puede ser cambiado por otro, ya que realmente es el alma la que tiene el acceso a las cámaras y no tiene que ver con el objeto físico.

Lo que hace afín a una persona con una cámara especifica es la intuición, el corazón y los futuros potenciales que se están escogiendo a cada momento, así nosotros les damos el acceso como un regalo.

Estas cámaras no son únicamente para la sanación tradicional que todos conocemos, sino también para que todos se puedan reconocer o conectar con la gran energía que ya tienen. Son cámaras de regeneración, es como acceder al Todo por un instante.

Por la gran energía de estas cámaras, una vez que hayan accedido y terminada la petición, es conveniente que estos espacios sean cerrados. El cierre se realiza simbólicamente con la llave que le hemos dado el día de hoy, se coloca una piedra o cristal en el centro del amuleto y luego podéis llamar a vuestros guías o seres de luz para que os apoye en el proceso de cierre de la cámara.

La cámara de la Protección es muy antigua y fue creada para el planeta cuando esto fue requerido, es una cámara ancestral. Es ideal para las personas que tienen proyectos muy fuertes a nivel terrenal. Esta cámara tiene información muy particular y su acceso debe ser con conciencia y respeto. Es una fuerza que resuena con la Tierra y se activa la protección para todo el planeta y los seres que en ella habitan. Los seres intra-terrenos y los seres de luz activan esta cámara para que el planeta resuene como un lugar muy seguro para el individuo que accede a ella.

Este portal no debería quedar abierto por mucho tiempo, se recomienda tres días máximo. Esta cámara puede ser usada para pedir protección para cada uno y su familia. También tiene un poder fuerte para transmutar traumas y esto puede ser sentido por el que accede. Nosotros los seres de luz estaremos muy activados observando vuestros procesos.

Nuestras cámaras tienen un valor exquisito y por eso queremos otorgarlas a personas que las valoren y actúen por amor. Son espacios cuánticos sin tiempo y ustedes los estan moldeando para poder entrar, son intangibles para ustedes, pero muy tangibles para nosotros. También les decimos que deben ser usadas con conciencia ya que tienen un cupo, estas pueden ser usadas por varios seres, no solo terrenales, por esto deben ser cerradas al terminar la petición.

Se pueden abrir las cámaras para otras personas que buscan ayuda, pero antes deben preguntarle al individuo si desean entrar o si la persona está sin conciencia, pueden hacer la pregunta con el péndulo y ver qué respuesta obtienen.

Para finalizar, les agradecemos infinitamente vuestra presencia y la receptividad a nuestros mensajes, tengan por seguro que estaremos siempre presentes para ayudarlos en lo que requieran.

ENSEÑANZA SOBRE FÍSICA CUÁNTICA

Canalización Julio,2022

Nuestros hermanos andromedanos han enfatizado antes de transmitir las enseñanzas del día de hoy, que debemos abandonar la idea de que somos nuestros pensamientos, nuestras creencias o que somos el resultado de nuestras vivencias de cada día, ellos desean profundamente que podamos cambiar los aspectos que no deseamos en nuestra realidad y debemos estar receptivos a recibir una información que proviene de un espacio atemporal, esto no tendrá frutos si seguimos creyendo que somos humanos sin el poder de cambiar.

Y comenzamos: Los saludamos somos los Andromedanos, agradecemos su presencia y tenemos aquí junto a nosotros los hermanos Arcturianos, los cuales ayudaran a que la información sea recibida por ustedes con más gracia y facilidad por sus cerebros y así la transmisión pueda ser más duradera.

Luego que se saluden entre ustedes, podremos escanearlos y sentir vuestra energía y así poder tener las respuestas más perfectas en el día de hoy.

Vamos a empezar hablando de cómo se cambia la realidad con la frecuencia. Para esto queremos empezar explicando lo siguiente, como ya saben ustedes están formados por un cerebro como receptor y nosotros observamos el de nuestro canal, Alaleia y a través de él podemos hablarles. Para ustedes nosotros somos invisibles y únicamente escuchan nuestra voz, la cual proviene de nuestra frecuencia y ustedes al estar en modo receptivo están cambiando más hacia lo que somos nosotros. Una forma para entender esto, es pensar que al colocar juntos dos elementos donde uno vibra más alto, automáticamente todos desearan estar en la misma vibración alta. Esto es posible gracias a los PRINCIPIOS DIMENSIONALES DE CAMBIO. Por esto, yo puedo estar hablando a través de Alaleia y al interactuar con ustedes, automáticamente estoy emanando mi frecuencia y ustedes sin saberlo ya están realizando un cambio positivo, pudiendo ser capaces de cambiar creencias negativas y quizás sin darse cuenta, ya el día siguiente estarán teniendo pensamientos más positivos.

Esta frecuencia al ser recibida por ustedes se incrementa en el tiempo cada vez que compartimos enseñanzas o pasamos tiempo juntos y así mismo, cada uno de ustedes puede llevarla a otros individuos con los cuales interactúen y ellos a su vez, podrán subir su frecuencia si están receptivos. Cabe destacar que esto sucede únicamente con el contacto del humano con especies específicas como Andromedanos, Arcturianos, Pleyadianos, Lirianos o cualquier otra civilización que se asemejan más al TODO. Hay otras que no son similares ni a ustedes ni a nosotros, siendo imposible el intercambio de información.

Por todo esto, les podemos decir que el cambio evolutivo es inevitable y relativamente fácil cuando el humanos está en contacto con nosotros y en forma receptiva se va modificando hacia frecuencias más similares a nuestras familias.

Para nosotros este proyecto evolutivo es algo que tomamos muy en serio y requiere de un esfuerzo de nuestra parte, ya que no es fácil bajar nuestra frecuencia para venir a un planeta con tanto sufrimiento y donde aún les cuesta tanto conseguir los anhelos más deseados, sin embargo los amamos y nos alegra poder hacerlo, ya que el TODO nos dice que es la mejor forma y a través de las palabras de canalizadores como Alaleia, creamos un espacio adecuado para sanar creencias pesadas y lo que no es benevolente deje de existir, esta es ciertamente la manera más rápida de conseguir el cambio.

Por ejemplo, vemos muchos de ustedes, sobre todo mujeres que no están muy contentas teniendo que trabajar tanto y tan duro muchas veces para traer sustento a sus casas. Ellas tienen el recuerdo de su origen galáctico donde la abundancia fluye todo el tiempo, es el estado natural y ahora están encarnadas en una realidad donde les propone que deben trabajar duro para obtener algo. Viendo esto, no podemos resistirnos a ayudarlos y con mucho amor ya que somos sus hermanos mayores, padres o abuelos, pero definitivamente es algo que amamos hacer. Además, esto es solo una ilusión, ya que hay infinitas formas de traer abundancia.

Los humanos pasan generaciones olvidando que pueden tener ayuda de este lado del cosmos, aunque no nos pueden ver aun, en un futuro cercano esto empezará a ser posible para algunas personas. De esta manera reafirmamos que estamos con ustedes para acompañarlos y ayudarlos en sus procesos.

Después de esta breve introducción, soy Omtrust el que les habla y lidera la reunión, pero podrán entrar también sus otras versiones más elevadas, sus vidas pasadas, o sus avatares cósmicos para traerles información también.

Vamos a empezar con algo muy divertido, es sobre un principio de cambio que a nuestra civilización le tomo tiempo aprender y que ahora vemos a nuestros hermanos pleyadianos volviéndose maestros en este principio, y es que la vibración no es lo único que importa cuando se quiere crear la realidad, eso es información más antigua, ahora lo que prevalece es que tan desarrollado está el tercer ojo. Todos ustedes son psíquicos, el desarrollo del tercer ojo en espacios como estos es seguro y pueden practicarlo.

La Ley de Atracción explica que entre todos crean realidades, sin embargo, no todos las crean a la misma velocidad y esto no es favorable. Lo más eficiente es que la persona que crea más rápido transmita esta información a las más lentas. Con respecto al propósito del alma, todos tienen uno propio y puede no ser compatible con otra persona, así que lo más benevolente es atraer sus propios potenciales personales.

También es cierto que las frecuencias y los deseos se apegan a los futuros y estos tienen su propia esencia por lo cual, si no participas con ellos o no los reconoces, entonces los futuros tampoco lo harán contigo. Podemos darles un ejemplo: Una persona del grupo desea ir a conocer Egipto, y los futuros están felices de recibir esa persona, ya que ellos censan la energía que esa persona emanara una vez allá, las entidades que viven en ese lugar saben que esa energía se va a acercar.

Deben saber que los mundos paralelos están todos sobrepuestos. Cada realidad que observan en estos momentos tiene innumerables pisos y están intercalados. Nosotros bajamos en espiral y así abarcamos todos los mundos que están sobrepuestos a nuestra elección. Por el contrario, nuestros hermanos Arcturianos bajan en forma más directa y los pisos más benevolentes se ven atraídos a ellos, ustedes pueden hacer lo mismo a través de su subconsciente.

Seguimos con el ejemplo, la persona que desea ir a Egipto debería en un principio tratar de sentir ese lugar, en una forma natural solo como una idea antes de viajar. Puede pensar en la arena, el rio, las pirámides, etc. Luego con quien va a viajar, sola o con un familiar, entender que resuena mejor para esa persona. Los futuros ya conocen la intención de la persona y quieren darle la mejor experiencia, la más abundante y segura. Los futuros son como dioses que desean lo mejor para cada uno de ustedes, ellos están vivos. Así mismo, si las intenciones de la persona que desea viajar no son las mejores, entonces los futuros no permitirán que este viaje se plasme en la realidad de esa persona.

Una forma sencilla, es siempre ver cómo se siente ir a un especifico lugar, es decir, si desean ir por ejemplo a una clase de yoga, censen como seria ir allí si se siente bien entonces vayan porque resultara muy expansivo, pero y si esto se siente aburrido, entonces el alma ya no desea ir porque posiblemente ustedes estén cambiando creencias y esto seguramente no es lo más elevado. Los futuros se adhieren a la persona y lo ideal es no dejarse envolver en este caso por el aburrimiento, lo cual se hará más difícil salir de allí. Ustedes pueden acceder a futuros maravillosos a través de la esencia y el entrelazamiento con los mejores futuros usando sus propios portales, no necesitan ir físicamente al lugar de alta frecuencia.

Ahora queremos explicarles como ustedes pueden cambiar la realidad mucho mejor. Nosotros nos moldeamos a todos, sin diferenciar el sexo, sin embargo, hay civilizaciones que dependiendo de los propósitos que tienen van a tener sus preferencias. Los Pleyadianos por ejemplo, para las sanaciones al planeta adoran trabajar con los psiques femeninos pero los Arcturianos con sus ideas de tecnología, van a dirigirse a los hombres, en ese sentido siempre hay una razón para crear algo y siempre tendrán entidades atrás de ustedes para ayudar.

Entonces, como existen la leyes y la frecuencia crea, lo que vemos es que nuestro canal en estos momentos pudiera emanar la energía de cambio a unas treinta personas a su alrededor, eso es por nuestra presencia acá ahora, sino normalmente podría abarcar unas dos personas, ya que el hecho de sostener nuestra energía es fuerte para ella.

Para nosotros no tiene importancia si la persona es femenina o masculino, lo que cuenta es como están compuestos cada uno de ellos. Si ustedes se sienten llamados en algún momento a la energía femenina, es porque eso es lo que está pidiendo el cuerpo para abarcar, y así crearan en esa energía femenina. También crean en energía femenina-masculina y eso en el mundo actual en el caso de una mujer, se ve como alguien muy relajada, atrayendo mucha abundancia, o en el caso de un hombre, se vería como muy aburrido, cansado ya que no está en acción y la polaridad esta al revés. Así que cada vez que sientan en ustedes el polo masculino, van a crear con esa tonalidad.

Por ejemplo, si tienen la conciencia de que el alma les está pidiendo revitalización y que a su vez están en el polo femenino y dicen… ¨voy a crear un curso o una reunión¨, así van a precipitar en la realidad ese evento con más velocidad que si lo hacen desde el polo masculino, ya que los futuros vendrán más lentos. Es importante por esto saber en el polo en el cual estamos al momento de estar creando. Siempre debemos balancear nuestros polos para estar y crear donde queremos estar.

Como ustedes saben, todos tienen ambos polos, pero a veces se desbalancean con las acciones diarias de la vida, es importante que las mujeres sepan que están para recibir en abundancia y los hombres para hacer y proveer en alto calibre. En base a esto podemos ver en ciertas ocasiones que las mujeres tienen su masculinidad activada y pueden ser muy prosperas y abundantes, pero ese dinero no les va a alcanzar para ayudar a toda su familia o amigos, lo cual es un deseo totalmente femenino. Así como el futuro esta creado en el masculino, esa prosperidad será únicamente para ella y esta opuesto a lo que ella desea, que es ayudar a los suyos, este es un ejemplo del desbalance.

Resumiendo, queremos que integren la idea de que hay velocidades y que los futuros juegan con ustedes en base a esto, y que además les gusta interactuar.

Ahora van a entrar a esta canalización nuestros hermanos Arcturianos y darán su punto de vista con respecto a estas enseñanzas y ustedes siempre podrán escoger que les resuena más.

...Hola somos los Arcturianos! creemos que nuestra forma de explicar esta información es más fácil de utilizar, ya que los Andromedanos son muy avanzados. La razón es que ustedes aun no pueden observar los futuros interactuando con ustedes en forma latente, por esto puede resultar abstracto y más difícil de saber si están en la energía correcta antes de atraer un futuro potencial.

Para nosotros es muy importante antes de hacer esto, estar enraizados, estar en grupos con un ambiente que los haga sentir muy humanos y balanceados, que el cuerpo físico se sienta tranquilo, recomendamos hacerlo por las mañanas, y declarar lo siguiente: " Estoy en la Tierra y aquí voy a crear lo que deseo ". De esta manera desde el reconocimiento de donde están, existe el enraizamiento y así se vuelven más permeables a los futuros potenciales más benevolentes. Así fue como nosotros avanzamos junto con nuestro planeta.

Desde este punto en particular, la perspectiva de los Andromedanos y la nuestra es igual, existe la polaridad femenino-masculino y desde allí dependerá lo que creas, opinamos que en grupo ustedes se pueden rebalancear. También creemos que los futuros son permeables, que interactúan con ustedes y tienen una velocidad, pero como explicaron antes, nosotros no bajamos en espiral como los andromedanos, sino en forma directa o más linear. La forma espiral representa un liderazgo, mientras que nosotros no tenemos tanta capacidad de comandar la realidad a un cambio inmediato, pero en base a lo que emanamos atraemos realidades muy positivas.

Cada persona puede viajar multidimensionalmente a realidades que vibran muy alto, atraer esos futuros a su realidad actual y al ser este futuro muy positivo, otras personas querrán adherirse a él también. Esta es una forma de ayudar indirectamente a otras personas que los rodean.

Pregunta: ¿Cómo es posible que aun estando en un estado relajado, feliz y vibrando alto, sin embargo, sucede algo en nuestra realidad actual que percibimos como un evento desafortunado?

Respuesta: Es prácticamente imposible que estando ustedes vibrando alto suceda algo negativo en vuestra realidad física. Es solo vuestra perspectiva del evento que lo etiquetan como malo, pero es imposible que lo sea. Si están verdaderamente en un estado de dicha solamente les está diciendo algo sobre ustedes mismos. Posiblemente algo que debía terminarse o cambiar, ya sea por ley natural de vida, o que dejo de ser algo benevolente para ustedes y deben abrirse a cosas más vibrantes y nuevas que atraigan a su vez, más expansión a sus vidas.

Ponemos un ejemplo, a una persona se le pierde una joya que quería mucho por ser un recuerdo familiar y no entiende la razón de la perdida. Muchas veces, esta persona debe abrirse a recibir el mensaje que conlleva este evento, el cual puede ser que necesite evaluarse internamente, analizar qué tipo de creencias debe cambiar con respecto a los apegos materiales o emocionales. También puede ser una incompatibilidad de vibraciones, quizá el universo le pide a esa persona aligere su vida de pesos y responsabilidades. Siempre busquen el mensaje real oculto en el evento.

Desde otra perspectiva podría ser que esa persona desea sustituir la joya perdida por otra de un material de mayor vibración como el oro, que es una frecuencia y para acceder a ella, hay futuros que deben interactuar con esa persona. A nosotros nos encantan los futuros donde se incluye el oro, el plasma y los fluidos, porque, aunque parecen cosas intangibles, están relacionadas con lo físico como lo es una joya, y detrás está el componente que les manifiesta que viene de otro mundo paralelo. Ustedes los humanos pueden tener oro y fluidos en sus vehículos o cuerpos físicos, lo ideal es ser menos densos, sustituir los átomos de carbono por fluidos u oro, esto los puede hacer más sutiles o plasmáticos. Esto les permite estar en otras realidades más fácilmente, siendo este un principio evolutivo.

Queremos dejar claro, que estas enseñanzas, aunque puedan ser vistas como únicas para cada vehículo, es una información UNIVERSAL. La polaridad femenino-masculino y los principios de cambio, los cuales pueden suceder simplemente con la transmisión de nuestros mensajes, la existencia de los diferentes niveles vibracionales o pisos, todo eso es utilizado por ustedes para crear y así lo vuelven único para cada uno.

Ponemos un ejemplo interesante de analizar, nos referimos a lo que ustedes los humanos califican como PROSTITUCION. Nunca deben juzgar con la mente lógica el significado de lo que aparece en vuestra realidad. Generalmente esta profesión es ejercida por las almas más viejas que tienen mucha información de como purificar a los hombres o viceversa. Les garantizo que el sueldo que ganan estas personas es poco para ese trabajo tan duro. Además, son personas con psiques muy avanzados porque tienen varias parejas en una noche y a todos deben purificar, ya que ese es el servicio. Intuitivamente la persona que acude a alguien con esta profesión sabe que puede hablar y desahogarse ya que son escuchados y esto tiene gran valor.

Sin embargo, no juzgamos a las personas que por convicción propia aceptan que lo más benevolente para ellos es una sola pareja en su vida, esto puede resultar de alto calibre si la relación está en alta vibración.

Referente a la infidelidad, no lo vemos como algo bueno o malo. Esto depende de cómo está la persona en ese momento. Por ejemplo, si uno de los miembros de la pareja desea estar con otra persona, entonces que el otro sea infiel, no resultará tan malo para él y no existirá la culpa o remordimiento para explorar con otra persona. Sin embargo, si el deseo es permanecer siempre con esa pareja y el otro le es infiel, entonces existe una contradicción y la opción de seguir juntos no será la mejor combinación por estar en frecuencias diferentes. En este caso, la mejor liberación para este desacuerdo es purificarse internamente del asco o sentimiento de traición que está en la persona traicionada. Para esto es bueno salir del ambiente diario, experimentar la naturaleza, reunirse con amigos, relajarse y tratar de elevar la autoestima. Luego de esto, si la pareja infiel decide irse o volver, dependerá de cómo resuenan las frecuencias de ambas personas. Puede ser que ambos se recalibren entre ellos y se armonicen o no.

Por esta razón, los futuros potenciales en pareja o en familia para nosotros los Andromedanos, son sumamente cambiantes. En mi caso Omtrust, he tenido múltiples familias e hijos en este mismo vehículo, en este momento experimento el masculino y por eso estoy viajando como comunicador en la nave, pero probablemente más adelante decida regresar, volverme más femenino y quedarme en Andrómeda a enseñar. Lo que no cambiara es mi deseo de hablar o comunicar, pero lo puedo realizar desde varias facetas.

Por esta razón, hay que ir de la mano con los propósitos, ellos nunca se modifican. Si es de impartir enseñanzas, entonces vas a encarnar y desencarnar haciendo eso mismo. Aunque tengas más de un propósito, o se alineen todos a una misma vez, como, por ejemplo: que manifieste una canalización, que la realidad física apoye la actividad, que las personas acudan en busca de expansión, entonces esto ocurre y es posible. Al mismo tiempo, aparecerán nuevos propósitos porque si no sería inevitable que la persona desencarne. La persona además puede decidir encarnar o desencarnar con un nuevo abanico de propósitos, es posible para ustedes.

Finalmente dependiendo del tipo de propósito a llevar a cabo, ya sea con tonalidad masculina o femenina, hace posible que ustedes decidan el sexo que tendrán en su próxima encarnación.

Pregunta: ¿Como podemos identificar lo que deseamos crear a un nivel del alma?

Respuesta: Existen varias formas como se crean los futuros, ellos pueden estar ya plasmados y ustedes simplemente están decidiendo utilizarlos o no. Por esto, el alma viaja a experimentar los futuros más convenientes para la persona a cada momento y así, esta persona puede decidir escoger los futuros traídos por el alma, o aquellos traídos por el ego o simplemente aquellos que le ha presentado un amigo con una idea no propia. Cuando sigues los de tu alma, resultan ser los más expansivos y los más únicos por lo cual, esa energía esta sin influencia externa y se siente muy cálido. En cambio, si no está alineado, la mente interviene y le baja el calibre a la tonalidad del futuro, pero no llega a ser tan benevolente, ni tan placido. Por ultimo las creaciones por influencia externa, con ideas no propias sino influenciadas por otros, pueden sentirse como una sensación de peligro y nada agradable, frio y nada bueno.

Cuando se toma el camino de la creación según el alma, se traen futuros que abrirán caminos expansivos para la persona y aquellos que la rodean en resonancia para ese momento en particular. Las mejores líneas de pensamientos son compartidas por el grupo que vibra en conjunto. Pongamos el ejemplo, seguir o dejar un trabajo por un proyecto nuevo, eso es siempre un potencial que involucra a todos los que conforman un grupo o núcleo familiar o de amigos. Entonces lo más que se asemejen a nosotros, en las formas de pensamientos, lo más que cambiaran ustedes y la Tierra colectivamente.

Tienen que estar siempre y cada día, en sumo entendimiento que cada momento de la vida tiene algo esperando para cada uno. Si se sienten confundidos, siempre estaremos disponibles para ayudarlos y vuestros pensamientos se volverán más suaves o sutiles, más como son en nuestra realidad.

Los Arcturianos y los Andromedanos tenemos muchas diferencias como civilización, pero algo en común que nos une, es el inmenso amor por vuestro planeta. Nosotros, los percibimos como hermanos y no como entidades lejanas a nuestros corazones, por esto, proponemos estos momentos de reunión con ustedes para una mayor guía de nuestra parte. Queremos que nos conozcan mejor y que entiendan porque estamos aquí y nuestros proyectos de cambios energéticos.

A pesar de que nuestros vehículos o cuerpos físicos parecen diferentes, podemos acercarnos y hablar a través de nuestro canal Alaleia. Nosotros inculcamos en ella las ideas o pensamientos que queremos transmitir y ella nos da ese espacio. Esto es posible porque somos todos iguales. Ustedes tienen guías de diferentes civilizaciones o seres sutiles como ángeles o arcángeles, pero todos lo tienen como parte integral de su ser. Existen niveles donde cambia la densidad, pero somos todos parte de lo mismo, la única diferencia es que ustedes están más densos y por esto no resuenan a nuestra misma velocidad y eso hace parecer que estamos separados.

Cuando ustedes evolucionen van a tener recuerdos de cuando éramos lo mismo y estaban viajando o colonizando desde sus orígenes a otros planetas ya que se trata de la misma línea. El hecho que ustedes estén estacionarios en la Tierra, no quiere decir que no existimos o no tengamos el deseo de llevarlos en la nave, y decimos que esto es perfectamente posible por la similitud, lo cual es obvio al ver como el cuerpo de nuestro canal transmite la voz tan fácilmente. Cuando deciden venir a encarnar a la Tierra, generalmente llevan consigo los dones y talentos que les ayudaran en su proceso evolutivo durante esa encarnación.

Queremos que sepan que la Tierra está pasando por un momento donde las naves están sumamente permeables, por esto, yo soy capaz de llegar a ustedes y podría bajar junto a ustedes, ya que no soy estático. Hay miles o millones de naves que los pueden asistir en cualquier necesidad, solo deben pedirlo.

Es favorable que estén conscientes que las canalizaciones o sesiones de contacto, usualmente tienen un grado de vibración que puede ser clasificada del 1 al 100 y podríamos decirles que nosotros estaríamos en un 98. Nuestras canalizaciones nunca se detienen, siempre la información entregada está fluyendo inclusive cuando la sesión ha finalizado. La razón por lo que no estamos en un 100, es porque el cuerpo físico del canal se cansa y debemos parar en un momento determinado.

El punto es, que cuando disponen de un canal de tan alto calibre, no significa que esto dependa únicamente de nosotros, lo que sucederá es que todo el evento, los participantes y todas las enseñanzas van a calibrar en ese número y esto abre portales a futuros potenciales que resuenan igual que ustedes en ese momento. De esta forma las experiencias de vida de cada persona allí presente se expanden y armonizan con esa alta frecuencia, esto es una Ley Universal.

El Universo o Creador, pone a la disposición toda la energía para la máxima evolución de los seres que desean cambiar hacia el futuro. Nosotros las civilizaciones cósmicas que estamos apoyando, nos vemos más atraídos hacia personas que desean hacer cambios verdaderos y profundos, ya que así se alejarán más de la densidad y se volverán su versión más avanzada. Los Seres superiores, por el contrario, siempre están allí, aunque las personas tengan potenciales muy negativos, esa es su energía del alma. Sin embargo, nosotros nos dirigimos más hacia los humanos dispuestos a recibir y cambiar rápidamente, ya que esto representa un esfuerzo también para nosotros y consideramos que debemos aplicarlo donde sea bien recibido y pueda dar sus frutos.

En el caso de los hermanos Arcturianos, ellos vibran un poco más bajo que nosotros y están acostumbrados a estar en tierras más densas, por lo cual no les afecta tanto estar aquí con ustedes. Por el contrario, nosotros los andromedanos, estamos en una muy alta frecuencia vibratoria, somos muy sutiles y el amor que nos impregna es inmenso. Siempre participamos en mesas etéricas donde tenemos liderazgo y nos consideramos libres en este clúster de estrellas y planetas, el resto están aprendiendo, incluyendo los arcturianos, pleyadianos y ustedes inclusive. Todo esto siempre dirigido por el TODO. Mientras más rápido cambien vuestra energía y se asemejen más a Él, más rápido evolucionarán y podrán crear otros planetas, donde la abundancia es infinita y no existen las dudas o carencias.

Para que puedan entender esta enseñanza, les vamos a dar un ejemplo de dos escenarios: Comparemos dos personas, la primera es una maestra que imparte clases de espiritualidad, está muy feliz haciéndolo, pero su abundancia financiera está muy mal.

La segunda persona, también es una maestra, la cual posee abundancia financiera, buen estatus de vida, pero su alma o espíritu se siente perdido sin saber hacia dónde quiere dirigirse, no tiene propósito o motivación.

¿Cuál de ambas personas vibra más alto y se asemeja más al TODO?

Les decimos que la primera está en mejor calibre, porque, aunque no tenga abundancia financiera está practicando su propósito o pasión y solo hay un aspecto para trabajar o cambiar. Mientras la segunda maestra, aunque en lo físico se ve bien con respecto a la abundancia, no está en el servicio sino para ella sola, ese calibre no es bueno y al estar solo enfocada en lo exterior, deberá trabajar muchos más aspectos para evolucionar y volverse más congruente.

Pregunta: ¿Como podemos estar seguros de que atraemos futuros potenciales desde el alma?

Respuesta: Esta es una pregunta muy antigua, de cuando las civilizaciones estaban aprendiendo sobre los principios de cambio. Esta pregunta está muy alineada con lo que vinimos a enseñar y ustedes a aprender, es definitivamente del alma. Entonces como podemos atraer más futuros desde allí, les recomendamos estar más en estados de contemplación, este estado es de muy alta frecuencia donde el alma se alinea y les traerá la información. En este momento de creación, es muy importante que el vehículo este en relajación, en paz, sin distracciones para mantener la alta frecuencia. Traten de evitar personas o entornos tóxicos que los puedan sacar de ese maravilloso estado de presencia contemplativa o que les pueda afectar vuestra esfera de luz.

Si no tenían idea que poseen esferas de luz y que atraviesan portales, entonces deben pedirnos ayuda a nosotros para guiarlos más profundamente. Primeramente, debéis estar protegidos, debéis estar presentes y conscientes, en energía profunda, sin juicio y en benevolencia, todo esto los va a llevar a juntarse con los futuros más alineados para cada uno. A veces no debéis analizar con la mente lógica los futuros recibidos ya que traen la benevolencia oculta y son de extrema felicidad.

Pregunta: ¿Los futuros potenciales son infinitos? ¿Todo los que deseamos debería ya existir?

Respuesta: Todo es infinito, el TODO es infinito, cada persona es infinita ya que es lo mismo, tu compones el TODO y el TODO te compone a ti. Toda creencia de limitación los aleja de Él. Todas las posibilidades infinitas están a la disposición. Tratar de explicarlo linealmente es difícil, pero pongamos el ejemplo de una persona que juega al ajedrez, esta tiene una ficha que representa al TODO, y luego están el resto de las fichas que serían los andromedanos, arcturianos, los humanos y todas las demás creaciones. Si una ficha decide moverse hacia donde existen posibilidades ilimitadas, el TODO puede darte un empujón y nunca te juzgara por la decisión.

Lo que es limitado es el pensamiento humano, por esto no tienen idea que están bilocados en diferentes lugares al mismo tiempo, no pueden palpar lo ilimitado que es este momento especifico donde está el TODO, están vuestras almas, estamos vuestros hermanos Andromedanos. Arcturianos, están nuestras naves y otras que se han unido a la reunión, sin embargo, ustedes siguen pensando que son sus sentidos los que les darán las respuestas. Estos momentos son realmente ilimitados, aunque aún no los perciban en su totalidad.

¡Ustedes han crecido en un ambiente que les ha inculcado limitaciones y carencia y luego ustedes se han encargado de perpetuar esas creencias, es hora de cambiar!

EGIPTO UNA CIVILIZACIÓN MEMORABLE

Canalización Agosto, 2022

BIENVENIDOS A ESTA NUEVA TRANSMISIÓN, SOMOS OMTRUST Y LOS andromedanos, aunque también tenemos acá nuestros hermanos de Sirio esperando para entrar a la sesión.

Todos nos sentimos atraídos a esta importante civilización de Egipto, y como sabemos, existe bastante información sobre sus faraones, sacerdotes y diosas que lideraban las pirámides y esas comunidades en tiempos de la antigüedad. Sin embargo, no se habla mucho sobre lo que ocurría en las cámaras de esas pirámides y los accesos a los portales que allí estaban para obtener información. Nosotros hoy nos dedicaremos a profundizar en este tema y ofrecerles más claridad sobre temas más ocultos.

Empezamos diciendo que una pirámide en particular (la de mediano tamaño) era empleada específicamente para contactar con las naves. Uno de los faraones que accedía a esta pirámide en particular, fue ejecutado para evitar que se difundiera la información. Así se consideraba que este secreto quedaría resguardado de la población común para siempre. Nosotros queremos acceder al psique de este faraón para traerles luz y conocimiento a ustedes de cómo se utilizaban los códigos de abundancia, primeramente, en la parte femenina y luego masculina.

Las pirámides están compuestas por varias secciones o departamentos, ahora nos ubicamos en un sexto nivel donde nuestro faraón pasaba la mayor parte del tiempo. Para que entiendan aún mejor, esta información impartida a ustedes en el día de hoy proviene de alguien que estuvo presente en aquel momento en las pirámides, y aunque no esté en vida para ustedes, para nosotros si lo está, ya que nos localizamos en ese especifico momento de su existencia en este planeta.

Una cosa muy importante que las mujeres deben tener claro es que su sexualidad trae mucha abundancia. Si esta es conectada con la espiritualidad, esta genera un enorme flujo de prosperidad, fortuna y cosas positivas a sus vidas. Cuando una mujer usa su sexualidad con conciencia, no solo ella, sino su pareja y los que los rodean reciben esa energía que emana del portal al que ella accedió. Por esto, es de suma importancia que cuando dos personas estén relacionándose íntimamente, todos los que estén involucrados en ese preciso momento, tengan la conciencia que están conectando con frecuencias muy altas del futuro, e inclusive, podrán traer a vuestro mundo pequeños faraones que resuenan ya con la información de Egipto.

Seguimos conectados con el psique de este faraón, y nos comenta que, aunque no tuvo hijos, tuvo innumerables intercambios sexuales. El conscientemente entregaba su cuerpo a las parejas para que las mujeres recibieran esos influjos de abundancia, los cuales repercutían en la comunidad.

Aquí les hablamos a nuestras queridas mujeres, las cuales deben saber que solo con el hecho de ser cortejadas por una pareja, o al tener intercambios íntimos, ya les están otorgando al compañero mucha abundancia, inclusive a todos los que forman parte del entorno de esa pareja. Por esto, queremos recalcarles la importancia que tienen como seres receptores y deben valorar supremamente su poder como diosas.

Ahora vemos los pies de nuestro faraón, y vemos que tiene tatuajes que representan códigos de realeza y cuentan la historia referente a su familia, la cual no continuaría con la línea de poder y este sería cedido a otra familia de faraones. Ustedes también pueden actuar según las familias del antiguo Egipto, pudiendo escoger uno o varios miembros de sus familias como lideres o faraones y así depositar en ellos vuestra información, de esta manera, ellos serán los que accedan a la mayor abundancia para ese núcleo familiar.

Debemos hacer referencia a la gran masculinidad de este faraón, que, aunque no tuvo descendencia, nunca perdió este atributo y valoraba en extremo lo femenino adentro y afuera de él.

Ahora nos movilizamos a otra cámara de la pirámide, la cual aparece como un lugar preparado especialmente para colocar a las pequeñas criaturas que pudieran nacer de las mujeres del pueblo. Allí se traían los bebes para que el faraón los tocara y censara si debían vivir o no dependiendo de cuanta era su vitalidad, ya que esta estaba asociada directamente a la energía que traían al planeta. De esta historia solo queremos dejarles la parte positiva, que es reconocer como la sexualidad trae abundancia y relacionarlo con vuestras vidas.

Seguimos con la idea de que la vitalidad es sinónimo de abundancia, pero no nos referimos a la vitalidad que se muestra externamente en los cuerpos, sino a la energía real que existe en cada vehículo que pueden ser los latidos del corazón, o la experiencia vigorosa de crear cosas nuevas o de viajar. Estas cosas están proporcionalmente relacionadas con el flujo energético de la abundancia. Por esto, si ustedes notan que están en máxima vitalidad a ciertas horas del día, como puede ser de 6 a 8 am, entonces enfóquense en esas horas particulares para atraer más de lo mismo, ese un gran portal.

Siempre deben balancear el femenino y el masculino en cada uno de ustedes para atraer la máxima abundancia. Es frecuente ver como las mujeres se desgastan mucho en labores diarias que requieren mucha acción, y se olvidan de que deben estar más en el modo receptivo, como también hombres que, al no realizar sus papeles de proveedores o protectores, se estarán así alejando de la perfecta energía de la prosperidad. En conclusión, la vitalidad es balance y el balance es abundancia, esta sería la perfecta ecuación.

Hay un aspecto que nos parece de suma importancia recalcar sobre este faraón, y es el hecho de que a pesar de saber que no iba a tener descendencia, estaba consciente de que transmitía una máxima abundancia a través de las relaciones íntimas con sus mujeres y que, además, se emanaría esta energía próspera a su pueblo, esto nos parece de muy alto calibre.

Pregunta: ¿Este faraón que han mencionado, decidió conscientemente no tener descendencia?

Respuesta: Si efectivamente, el intencionalmente decidió que esto fuera de esa manera, ya que en esa línea de tiempo la abundancia era relativa, se prefería que la mayor parte de los recursos fueran dirigidos hacia un único hijo, y más si era de un faraón. Por esto, se protegía el masculino en él y así, tener más energía para compartir otros aspectos sin tener que procrear.

Uno de los detalles que nuestra canalizadora puede percibir durante esta sesión, es la excesiva abundancia del entorno que rodeaba al faraón. Todo absolutamente era oro en ese lugar y podemos percibir que ese flujo energético dio resultados positivos para esa civilización. Ustedes pueden conectarse con esa energía del oro si lo desean, y si creen que esto les traerá abundancia a sus vidas como fue en el pasado para Egipto, entonces habrá doble poder en esa intención.

Para ustedes las mujeres, pueden verse a sí mismas como portales de abundancia y vitalidad, sin la necesidad de procrear criaturas si no lo desean, así de esta manera, dejaran de verse solo como un cuerpo sino más bien como un canal inmenso del poder receptivo femenino. Los faraones empleaban lo mismo con su masculinidad, con un flujo enorme de energía divino enfocado solamente en el dar.

Pregunta: ¿En el caso de una pareja que tiene relaciones íntimas, como pudieran establecer un contrato entre ellos para obtener el resultado más elevado y abundante durante sus encuentros?

Respuesta: Una muy buena forma es entender que es la mujer la que va a ser la receptora de esta energía, y ella debe estar segura de que desea profundamente recibirla de esa pareja, ya que de lo contrario se creara resistencia a la abundancia. También debe analizar el grado de vitalidad que ella tiene en ese momento, ya que de eso dependerá la fuerza que se generará en ese enlace. Si no se encuentra en su mejor estado de vitalidad, es mejor esperar, descansar, comer o cubrir la necesidad que ella pueda tener para poder estar en balance su masculino-femenino. Luego deben poner una intención en pareja, se puede sustentar este momento especial colocando pirámides o cristales en la habitación, finalmente invocar los números maestros: 333 666 444 para resonar con una gran energía vital y allí comenzarían los downloads de programas para cada miembro de la pareja en particular.

Pregunta: ¿Cómo puede una persona que no tiene una pareja fija activar la abundancia a través de este ritual del sexo?

Respuesta: Podríamos decir que se complica un poco en el sentido que no mantienes una energía siempre igual, ya que al cambiar de parejas esto varia de calibre. Sin embargo, vemos el lado positivo de esto y es que, al no existir un contrato con una sola pareja, no existirá la necesidad de actuar por obligación cuando la vitalidad es baja, y pueden experimentar que resultados obtienen luego de cada relación y decidir si quieren seguir con parejas temporales o cambiar.

Lo importante en este caso sería, tomar conciencia de la pareja que tienen actualmente, analizar qué tanta vitalidad tiene, cual es el objetivo que deseo alcanzar, invocar números maestros y después poder recibir la consecuencia energética de ese momento. En ese instante, acceden a programas que empiezan a correr en el subconsciente sobre la abundancia en forma magnificada.

Tengan presente que cuando ustedes sientan que una relación es muy profunda y con máxima vitalidad, dirijan toda su energía a ese momento en particular porque este será tan sanador y renovador que transmutarán muchos problemas a través de él. Ese momento es opuesto a los problemas, es una frecuencia completamente distinta.

Las personas que nunca han tenido pareja o les cuesta mucho entablar una relación íntima, es digna de analizarse para ver de qué se están protegiendo, ya que este no es un estado natural y denota algún bloqueo.

Si quieren saber cómo usar los números maestros, les podemos decir que tienen que ver con el objetivo que desean lograr. Por ejemplo, el 444 tiene que ver con tener éxito en los negocios, con lograr proyectos aquí en la tierra pero que a la vez tienen origen cósmico. Pero si el deseo más profundo de una persona o pareja es viajar, conocer el mundo, el 555 es una número catalizador de este tipo de proyecto. El 333 se relaciona con la energía del dinero, de la abundancia en familia y exceso de recursos. Mientras que el 222 se usa cuando se siente la necesidad de incrementar la conexión espiritual. Entonces se trata de que cuando estén en pareja y comiencen a sentir esa energía sexual o vital, coloquen esos números mentalmente en su psique para que toda la energía del momento se vuelva de ese calibre.

Queremos dejarles hoy una enseñanza útil para ustedes, y es como ir mentalmente a las pirámides para acelerar el logro de vuestros futuros proyectos. Es difícil para nosotros explicarles linealmente este concepto, esta posibilidad que tienen ustedes de viajar en el tiempo con vuestra alma a las pirámides que existen etéricamente y que un faraón, o una diosa les muestren los proyectos más brillantes disponibles.

Una forma fácil es a través del agua, esta calma la mente y la hace más receptiva. Imagínense a la pirámide localizada sobre un cuerpo de agua y ustedes entrando desde una zona debajo del fondo de la pirámide rodeados de ese medio líquido, luego de esto, pueden verse dentro de una cámara, deben olvidarse de vuestro nombre, solo visualícense en forma de energía, y así verán como empiezan a recibir la frecuencia del oro, en ese momento aparecerá el numero 333 para maximizar lo que estáis deseando.

Debido a que hoy ustedes han recibido la enseñanza de nuestra parte, ya tendrán libre acceso a las pirámides y no requieren ningún permiso para entrar. Si ustedes hacen la visualización y se ven entrando en forma almica a las pirámides, los códigos ya están en ustedes y automáticamente se prenderán, así podrán entrar con mucha luz.

Ustedes están entrando a la versión etérica de las pirámides donde todo es luz, no se trata de las pirámides físicas que están en el planeta. Cabe destacar que las mujeres entrarán en forma más rápida que los hombres y lo harán a través de pisos más bajos, por lo cual la abundancia es gigantesca. Por otro lado, los hombres entrarán etéricamente a pisos más elevados y lo harán a través de un elevador, este era usado por el faraón y es un lugar estrecho que produce una sensación de frio y presión, deben saber que es normal. Este lugar tiene un acceso luego a las cámaras, pero es más que suficiente visualizar llegar hasta allí y ya habrán obtenido los códigos. Seguramente los hombres regresaran con mucha información de como atraer una frecuencia elevada de prosperidad, de cómo tratar a las mujeres, como generar más dinero y ser grandes proveedores. Egipto posee mucha información sobre la interacción del masculino y el femenino para atraer máxima abundancia.

Luego que salgan de las cámaras de las pirámides, podrán sentir el deseo de querer vestirse de blanco, debido a que han sido purificados en el viaje. Deben volver a enraizarse y decretar que desean salir y dicen: ¡decido cerrar aquí!

En este sentido nos gusta que tengan cristales en las manos, estos los ayudaran en el proceso de enraizamiento de nuevo.

Queremos que sepan que, de ahora en adelante, luego de haberles explicado como acceder con visualización a las pirámides, no los dejaremos solos, siempre los acompañaremos y valoramos mucho su deseo de viajar en el tiempo y aprender. Es aconsejable escuchar música de Egipto, entrar en meditación y visualizarse entrando y saliendo de las cámaras con mucha confianza y certeza de que estaremos guiándolos en ese proceso.

Recordemos que las primeras pirámides fueron traídas con tecnología cósmica y los seres que pudieron enraizar esa información en el planeta los llamamos hermanos extraterrestres encarnados. Existen varias construidas sobre el planeta y otras debajo de la tierra, aun no descubiertas, pero esas están allí con otros propósitos como traer información sobre el tiempo. Es decir, las pirámides reflejan sus interiores y son atemporales, lo mismo que la abundancia es atemporal. Cuando ustedes acceden a ellas, traen esa riqueza atemporal a su realidad actual.

Ahora se acercan nuestros hermanos de Sirio:

Para nosotros los sirios las pirámides también pueden ser disfrutadas visitándolas en el lugar, pero también estamos de acuerdo que se pueden acceder con meditación. Les decimos que, en el día de hoy, varias civilizaciones estamos atentos a que ustedes están conversando sobre el tema y queremos traerles mucha luz y agua para facilitar la integración de esta información tan avanzada que inclusive nosotros no conocíamos.

A pesar de que nosotros los sirios estamos en alta frecuencia y velocidad, vemos que la forma de entrar explicada por los andromedanos no es la usual para nosotros. Si coincidimos en que la visualización y los códigos numéricos son prioritarios para poder acceder a ellas, inclusive vemos que los permisos ya les fueron otorgados hoy a los participantes y esto les facilitará la entrada cuando deseen hacerlo.

En nuestro planeta también hay una forma etérica de vuestras pirámides, pero la tenemos como una forma de recuerdo, ya que las que tenemos ahora son mucho más avanzadas.

La estructura de las pirámides fue otorgada a ustedes como un regalo porque se sabía que se acercaba la venida de Jesús de Nazareth y esa era una forma en que los hermanos extraterrestres pudieran entrar y conectarse más fácilmente mientras él estuviera recorriendo el planeta. Es hermoso que asocien las pirámides con eventos del pasado de la humanidad relacionado con los astros, sin embargo, tengan presente que esto sigue en vuestro presente y que la abundancia que estuvo disponible durante aquella Era está ahora magnificada por todos los portales que actualmente están abiertos, sobre todo desde 2021 al 2030 ya muchos humanos podrán acceder a este inmenso caudal de abundancia disponible a través de estas estructuras.

Una excelente forma de percibir que están conectando con uno de estos portales de abundancia cósmica es por ejemplo: mientras están reunidos en grupo, teniendo una conversación usual, de repente aparece una idea de poder canalizar un tema o proyecto y seguidamente los envuelve una sensación de abundancia, en ese momento están accediendo a uno de los potenciales de abundancia que están flotando alrededor de ustedes y deciden tomarlo.

Les traemos estas enseñanzas considerando que ustedes y nosotros somos uno, y son capaces de acceder a esta información sutil y traerla a vuestra realidad, utilicen vuestros cuerpos físicos para hacer el sueño posible.

¡Los valoramos mucho!

Pregunta: ¿Cómo podemos traer la época dorada del antiguo Egipto a nuestra vida actual?

Respuesta: ¡Esta es una buena pregunta! Respondemos los hermanos de Sirio: Vivan vuestra vida cada día con la sensación de la abundancia extrema y la vitalidad. Sientan que están inmersos en ella y sientan su vibración. Observen las cosas maravillosas que los rodea, las personas, los eventos, las circunstancias mágicas que se han presentado innumerables veces y tengan conciencia de cómo se sienten esos momentos tan ricos y plenos donde la abundancia se manifiesta de mil maneras. De esa forma traerán esa frecuencia a la realidad actual, la cual se modificará hacia una mayor plenitud.

Pregunta: ¿Como podemos lograr una abundancia perpetua y continua en nuestra vida, sin tener la preocupación del tener que hacer constantemente para poder sobrevivir?

Respuesta: Esta es una pregunta de alguien que está en una conciencia humana y que aun piensa que está obligada a hacer cosas para poder subsistir. Cuando ustedes logren elevar sus frecuencias y se asemejen más a lo que realmente eran, ósea más similares a nosotros los andromedanos, arcturianos o pleyadianos, tendrán el conocimiento que todo era una ilusión y que cada segundo estaban creando el futuro. Inclusive cuando estén en frecuencia más elevada, verán menos necesidad de hacer cosas, ya que todo está previamente planeado y solo lo ven y lo dejan entrar a vuestra realidad.

Pregunta: ¿Como podemos activar la energía femenina?

Respuesta: La energía femenina siempre vibra en ustedes, para las mujeres enfocarse en los órganos sexuales las ayuda a anclar esa energía, ya que promueve el enraizamiento. Muchas veces las actividades diarias como tener que planear o resolver problemas las hace pensar en exceso y eso les produce problemas que las aleja de esa energía que es estable, enraizada y sumamente vital.

Muchas actividades como el yoga, Thai Chi, las terapias de sonido o actividades con amigos o familia resuenan en el útero y trae abundancia. Pueden confirmar esto, ya que se sienten cada día con más vitalidad al practicarlas.

Pregunta: ¿Según las enseñanzas andromedanas, ellos como civilización han perdido la idea de que debe existir un núcleo familiar en el proceso evolutivo, como será ese cambio para los habitantes de la Tierra?

Respuesta: Los andromedanos pensamos que ustedes los humanos tomaran el camino del núcleo familiar como forma evolutiva. En el núcleo van a encontrar el espíritu y el espíritu abarca el individuo y a los que los rodean, viajarán en esa hermosa nave que son vuestros espíritus y los llevaran a vivir todas las experiencias. Por esto pensamos que no es necesario tener un núcleo familiar para despertar. Sin embargo, la raza humana se apoyará unos a otros a través del espíritu en su proceso evolutivo, vuestros espíritus se unirán en el gran proyecto y avanzarán de esa manera.

Deben saber que vuestros espíritus pueden abarcar uno o varios vehículos, además pueden bilocarse desde vuestro cuerpo y acceder a otras realidades para contactar otros seres de luz si lo desean. Toda esa información proveniente de mundos paralelos más altos los llevara a alcanzar su meta evolutiva como raza cósmica que son.

La raza humana puede adoptar sistemas de creencias más elevados de otras civilizaciones hermanas, como pueden ser los pleyadianos, sirios u otros. Por ejemplo, los pleyadianos, tienen unas creencias maravillosas específicas para ciertas cosas, los sirios para otras diferentes y nosotros los andromedanos las observamos a todas y podemos adoptar alguna si lo deseamos, siempre lo más expansivo y parecido al alma será lo mejor.

Les aconsejamos que siempre traten de ubicar y cambiar los sistemas de creencias antiguos o viejos cedidos por vuestros antepasados, ya que estos no siempre son lo mejor para vuestra experiencia actual, y estos los dirigen a una determinada forma de pensamiento que los priva de una elección en libertad absoluta donde brilla la abundancia extrema. La energía del pasado es pesada, la del futuro es sutil y ligera.

Por esta razón, nos encanta el Egipto etérico ya que es sumamente ligero y resuena con muchos seres en el Universo. Pueden apoyarse en los cristales para acceder a este portal energético, cada uno tiene sus particulares piedras o cristales que resuenan con más fuerza. Cada cristal con su frecuencia está dentro de cada uno de ustedes como un anclaje que los llevara más rápidamente a conectar con esa exquisita vibración del oro.

Pregunta: ¿Como podemos anular el efecto de un mal pensamiento producido en una situación de stress o rabia, el cual nos llevará a alejarnos de la fuente universal de la abundancia?

Respuesta: En estos casos les aconsejamos sentir la sensación de rabia o frustración en vuestro vehículo y decidir pararla allí, no permitir que se exteriorice y produzca consecuencias, ya que esta crea futuros potenciales. En ese momento, regresen a su sabiduría o Esencia, sepan que, aunque este allí presente flotando ese pensamiento, pronto se irá. Al regresar a vuestros centros, se transmutará esa energía negativa y no podrá volver, esos potenciales temerán aparecer de nuevo ya que vuestra Luz es muy grande.

Pregunta: ¿Como podemos manifestar abundancia y de que depende el tiempo de manifestación de esta?

Respuesta: La Abundancia es perpetua, pero ustedes son portales que permiten su entrada o no. Cuando están en modo receptivo, esta fluye como el agua, pero si, por el contrario, están con pensamientos negativos, en estado contraído, en ansiedad y no trabajan esas emociones pesadas, entonces se forma como un pozo oscuro energético de aguas estancadas que los lleva a estados de baja frecuencia. Deben analizar cómo han llegado a este estado, como pueden aligerarse y que podrían hacer para salir poco a poco de ese agujero. Quizás no pudieron llorar y desahogarse cuando fue necesario, o están rodeados de personas o ambientes tóxicos que siguen perpetuando esa energía baja, el tiempo que les tomará que el flujo de la abundancia se restituya dependerá de lo oscuro que este vuestro pozo, pero el espíritu transmuta todo muy rápido y si se aferran a él, muy pronto se restituirá la energía elevada de la abundancia.

Un día regular o común en vuestras vidas, es despertar por la mañana luego de una apacible noche de descanso y decir, que fantástico este nuevo día, en mi casa, disfrutando de compañía si es el caso, o de un café, pero luego empiezan a pensar en todas las obligaciones que tienen, las cosas pendientes por hacer y todo ese flujo que se había abierto en un principio, se empezó a cerrar con las emociones de ansiedad y preocupación. Esto crea que, si estaba presente el potencial de recibir una suma de dinero pronto, esta cantidad se verá reducida o en el peor de los casos, no llegará.

Si se enfocan solo en los problemas, atraerán únicamente la frecuencia de lo que ven y no de la abundancia que viene del cosmos. Esto crea un flujo de negatividad en ustedes, de carencia y luego de enfermedad, así que traten de no tener que llegar a ese punto donde deben regresar a su centro desde un estado muy oscuro. Tomen conciencia que todo se está poniendo pesado, decreten no querer estar allí, y vendremos a ayudarlos para salir del atolladero.

También deben saber que vuestra alma es un apoyo muy grande

para ustedes, pidan su ayuda para salir de estados de estancamiento en sus vidas, ella siempre está allí dispuesta a ayudar con sus mensajes. Escuchen esos mensajes en forma de pensamientos que llegan, ella creara con ustedes estados energéticos mucho más elevados. Para nosotros es muy hermoso observar cómo pueden cambiar y crear nuevos estados de felicidad, aprender en el proceso y evolucionar en amor para vuestras futuras generaciones, las cuales disfrutaran vuestro avance.

Los Andromedanos aprendimos según esa perspectiva del alma, tomando conciencia que debíamos ser uno con nuestras almas y que existía un intercambio de información que nos llevaría a evolucionar.

Pregunta: ¿Los Andromedanos ya son uno con el alma, o aún tienen un Ser Superior que los guía?

Respuesta: Puede parecer extraño, pero nosotros ya no tenemos alma, nuestro vehículo funciona como un portal, pero vivimos en el TODO. Nuestra alma ya dejo de buscarnos para dar mensajes, se siente completa con nosotros, pero existe el pacto donde seguimos en un vehículo. Cuando bajamos a darles información, lo hacemos desde donde están todas las almas, un cúmulo cósmico de información siendo nuestro próximo paso evolutivo perder la individualidad de lo que somos y unirnos al TODO.

Les confesamos que estamos muy pendientes de ustedes como raza que está cambiando y nos hemos quedado un poco más aquí con vosotros, pero seremos los siguientes en irnos. Ustedes los humanos deben avanzar para que nosotros también podamos hacerlo, ahora la humanidad nos pesa, pero no por falta de amor hacia ustedes, sino porque se pusieron una meta muy difícil. Nuestro deseo es evolucionar hacia el TODO sin la necesidad de vehículos o cuerpos y seguir ayudando desde una perspectiva menos individual y más hacia la creación del espíritu desde la Fuente.

Pregunta: ¿Cuál podría ser el ser encarnado en estos momentos sobre el planeta con la conciencia más elevada?

Respuesta: Realmente pensamos que todos los humanos son muy elevados en conciencia, pero no están conscientes de ello. Pensamos que, en un tiempo, nuestro canal Alaleia pueda enseñar ese tema desde su propia perspectiva porque el hecho de estar conectada con nosotros todo el tiempo, la hará ascender rápidamente. Finalmente, también cambiaran todos los que la rodean y acompañan en el proceso de cambio ya que también están intercambiando información con civilizaciones muy avanzadas.

¡Nosotros no los abandonaremos y seguiremos apoyándolos!

SIMBOLOGÍA

LA SIGUIENTE SIMBOLOGÍA FUE TRANSMITIDA PARA SER USADA DE diferentes maneras, ya sea por observación, también podemos realizar nuestras visualizaciones o intenciones mientras la observamos y si nos resuena la idea, podemos reproducirlos para llevarlos con nosotros a cualquier lugar.

Se trata de una serie de símbolos traídos por Omtrust para ser usados por nosotros, son símbolos de una frecuencia elevada lo cual les imparten una capacidad de cambio evolutivo muy poderoso. Algunos son de origen andromedano y otros arcturianos, cada uno con su propio significado y frecuencia particular. Pertenecen a una nueva categoría de simbología elevada que representan nuestra era y son usados para crear en el planeta.

Cada persona se sentirá atraída a uno o varios símbolos según sea el deseo más profundo de su espíritu. Es aconsejable observarlos en silencio, en un lugar que los haga sentir en calma, para que así de esa manera se impregnen de la frecuencia más benevolente para ustedes en ese momento. No es necesario buscar una explicación o significado preciso a cada forma, ya que la información y la comunicación es a través de la energía y no del lenguaje.

Pueden tener la certeza que cada palabra, frase u oración de los andromedanos, está dirigida a nosotros con el mejor propósito de ayudarnos a descubrir como alcanzar un nuevo estadio evolutivo y frecuentemente es maravilloso confiar y dejarse guiar por ellos, de esa manera los milagros fluirán libremente sin la resistencia de nuestra mente.

SIMBOLOS DE CREACION Y ABUNDANCIA

Origen: Arcturiano (Símbolo 1)

Significado: El circulo representa el cambio que es infinito, no empieza y no termina, es constante, sabiduría infinita.

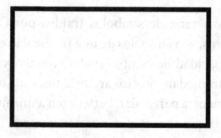

Origen: Arcturiano (Símbolo 2)

Significado: Cambios a través de los consejos. Es el reflejo de ti mismo y de otro en la capacidad que existe de escuchar y recibir consejo para cambiar la realidad.

Origen: Andromedano (Símbolo 3)

Significado: Es un cambio completo hacia tu más alta versión bajo nuestra guía y apoyo. Fénix de cambio andromedano.

Origen: Arcturiano (Símbolo 4)

Cambio por medio de la civilización arcturiana, sabiduría y cambio evolutivo.

Origen: Andromedano (Símbolo 5)

Significado: Unión de los andromedanos, sabiduría en los orígenes de las familias cósmicas andromedanas.

MENSAJE DE OMTRUST

Primero que nada, los Andromedanos queremos saludarlos en unión de los Arcturianos y Pleyadianos y compartir información acerca de nuestra perspectiva de cómo está avanzando vuestro planeta. Por esto nos unimos a la madre Tierra para traerles estos mensajes galácticos. Estamos muy orgullosos de este portal abierto en este momento para ustedes.

Comenzamos diciendo que los cambios climáticos que se irán mostrando mientras ustedes sigan con vida aquí en la Tierra, van a ser de mucha importancia para su evolución. Queremos que se enfoquen en ellos con la intención de avanzar mientras estos suceden.

Es importante que entiendan que con vuestras consciencias nos están llamando a nosotros y a los astros todo el tiempo, por esto, presenciar un cambio climático, observar un animal o alguna parte de la naturaleza, es entender que ustedes también forman parte de ese evento o ser vivo. Deben estar seguros de que vuestro papel es de suma importancia y nosotros los estamos guiando en cada uno de sus procesos.

Queremos hacerle notar unos pasos, que pueden identificar en ustedes mismos y que les indicaran que están cambiando hacia un nuevo punto de luz en su interior.

El primer paso que queremos identificar de gran importancia y es el hecho que ustedes están cambiando vuestros ambientes y a las personas con las que se rodean, incluso, los ambientes más frecuentes también están cambiando para vuestro propósito.

Como segundo paso es el hecho de que ustedes se sienten en su cuerpo y en su energía mucho más sutiles, y observan como energías densas ya no los atrapan.

El tercer paso, muy importante para el actual momento, es que las futuras almas que vendrán a nuestro planeta, es decir las próximas generaciones, ya traen los códigos de su ADN activados con los propósitos o misiones a realizar, por lo cual les decimos que los que han nacido antes de estas generaciones estelares, son los responsables de brindarles los espacios, los hogares, y estas casas serán las madrigueras de estas nuevas almas.

Como último paso les decimos, que vemos que ustedes están sintiendo profundamente que están siendo intervenidos y que la Luz más alta es parte de lo que están haciendo. Nuestros corazones están extremadamente orgullosos por todos ustedes que sienten estos pasos dentro de vosotros, lo cual indica que afortunadamente están avanzando muy rápido.

Estos eventos que suceden en el planeta Tierra son dignos de observar, aunque conforman solamente el principio de un gran proceso evolutivo, donde ustedes pasaran a formar parte de la historia como los creadores de futuros planetas, estrellas y galaxias, porque ya esto lo han hecho antes y simplemente lo están volviendo a hacer desde otra perspectiva.

Nos queremos despedir diciendo que esta canalización, portal o transmisión ha sido de una gran pureza, de una frecuencia muy elevada y además comunicarles, que, al observar cada palabra hablada hoy, nos vamos con el corazón repleto de gozo con la certeza de que podrán disfrutar todo lo que se ha transmitido desde los planos más altos. Por último, decirles, que también en los planos transicionales nos encontramos esperando que ustedes puedan entrar frecuentemente con sus corazones y su tercer ojo para integrar todo lo que estamos preparando para ustedes.

¡Los amamos profundamente!

Omtrust

INFORMACIÓN SOBRE ALALEIA

La civilización de Andrómeda se refiere a unos seres de luz extremadamente evolucionados, ubicándose entre las dimensiones 19 o 20 y con la capacidad de viajar entre dimensiones sin la necesidad de llevar el cuerpo físico. Esto es posible gracias a la capacidad que tienen de ser más parecidos al gas o al plasma.

Ellos se autodenominan: EXPERTOS EN EL CAMBIO. Semejante título es el resultado de un gran trayecto evolutivo que les confiere el mérito y el respeto como raza galáctica y les permite la toma de decisiones cruciales en cuanto al cambio del humano sobre la Tierra.

Desde los inicios de la vida en el planeta, los andromedanos han tomado la batuta para decidir como sería la vida en la Tierra y junto con otras razas cósmicas también evolucionadas, han creado lo que conocemos como el humano encarnado, además estableciendo los procesos evolutivos y avances que tendrían que lograr a lo largo de miles de millones de años.

Sus enseñanzas son sumamente avanzadas, de muy alto calibre y realmente requieren de mucha receptividad para integrarlas. Nos han explicado que generalmente su foco de atención no va más allá de una o pocas personas en particular, dejando para otras razas como los Arcturianos o Pleyadianos, la misión de cambios masivos o grandes grupos, sin embargo, debido a la similitud genética de Alaleia con ellos, estuvo muy alineado la intervención y el cambio.

Han expresado innumerables veces que ya están aquí y han decidido quedarse por la gran importancia del momento evolutivo planetario.

La gran misión de nuestros hermanos cósmicos es que recordemos nuestros orígenes no terrenales, que descubramos nuestra divinidad y nuestra conexión con el Creador y todo lo que existe.

¡Siempre se denominaron nuestros Abuelos Galácticos!

Alaleia, desde el primer momento del contacto, se ha comprometido en la transmisión de sus mensajes a la cabalidad y con el mayor entusiasmo posible. Inclusive cuando su recuperación física no estaba aún completada, ponía su mejor esfuerzo en lograr la integridad de la información. Desde hace ya cuatro años, las transmisiones de Omtrust y otras civilizaciones galácticas, no han cesado de traer luz e información a las personas sobre cómo funciona nuestro Universo y como pudiéramos mejorar nuestras vidas actuales.

Ella comparte su tiempo entre las labores profesionales como Dietista y Nutricionista Registrada, la empresa familiar y en el gran propósito cósmico-evolutivo de servicio, siendo este último realizado a través de sesiones privadas, grupos de canalización, canalizaciones en vivo por Instagram o YouTube.

En la siguiente página les dejamos su información de contacto por si tienen preguntas, requieren información adicional o para actualizarse sobre futuros eventos:

Email: muradorcarla@gmail.com
Instagram: @EstrellasyLuz
YouTube Channel: EstrellasyLuz

Para solicitar una sesión individual o grupal, pueden hacerlo a través del correo electrónico o por mensaje directo en Instagram